Reggie Joiner/Carey Nieuwhof

Gemeinsam Kinder stark machen

Wie Freunde, Familie und Gemeinde
Sie in der Erziehung unterstützen können

Über die Autoren

Reggie Joiner ist Gründer und Hauptgeschäftsführer der *reThink Group*, einer gemeinnützigen Organisation, die Materialien und Kurse für Eltern und Gemeinden entwickelt, um die geistliche Entwicklung der nächsten Generation zu fördern. Außerdem gehört Reggie mit Andy Stanley zu den Gründungspastoren der *North Point Community Church* in *Alpharetta, Georgia.* Er und seine Frau Debbie leben nördlich von Atlanta und haben vier erwachsene Kinder: Reggie Paul, Hannah, Sarah und Rebekah.

Carey Nieuwhof ist leitender Gründungspastor der *Connexus Community Church*, einer Gemeinde, die jeweils einen Campus in *Barrie, Ontario* und in *Orillia, Ontario*, nördlich von *Toronto*, hat. Carey hat Studienabschlüsse in Geschichte, Jura und Theologie. Neben seiner Pastorentätigkeit bloggt und schreibt er und hält Vorträge zu den Themen Familie und Leiterschaft. Carey und seine Frau Toni leben mit ihren beiden Söhnen Jordan und Sam nördlich von *Barrie, Ontario* in Kanada.

Reggie Joiner • Carey Nieuwhof

GEMEINSAM KINDER STARK MACHEN

Wie Freunde, Familie und Gemeinde Sie in der Erziehung unterstützen können

Übersetzt von Anja Schäfer

GerthMedien

MIX
Papier aus verantwortungsvollen Quellen
FSC
www.fsc.org
FSC® C006701

Verlagsgruppe Random House FSC-DEU-0100
Das für dieses Buch verwendete FSC®-zertifizierte Papier *Enso Classic 95*
liefert Stora Enso, Finnland.

Wenn nicht anders angegeben, wurden die Bibelzitate
der folgenden Bibelübersetzung entnommen:

Hoffnung für alle – Die Bibel, durchgesehene Ausgabe in neuer Rechtschreibung,

Übersetzt und herausgegeben durch: Brunnen Verlag Basel, Schweiz

Außerdem wurden folgende Bibelübersetzungen verwendet:
Die Bibel. Altes und Neues Testament. Einheitsübersetzung,

Elberfelder Bibel 2006, © 2006 by SCM R.Brockhaus
im SCM-Verlag GmbH & Co. KG, Witten (ELB)

Die englische Originalausgabe erschien im Verlag
David C. Cook, Colorado Springs, CO 80918, USA
unter dem Titel „Parenting Beyond Your Capacity".

Best.-Nr. 816735
ISBN 978-3-86591-735-5
1. Auflage 2012
Covergestaltung und Illustration: Hanni Plato
Satz: Marcellini Media GmbH, Wetzlar
Druck und Verarbeitung: CPI – Ebner & Spiegel, Ulm
Printed in Germany

Inhalt

Einleitung

Carey und ich kamen nicht auf den Gedanken, ein Buch über Erziehung zu schreiben, weil wir uns für die großen Erziehungsexperten halten. Wir sind einfach Väter, die sich immer wieder gegenseitig daran erinnern, was für unsere Familien wichtig ist. Wir geben beide zu, dass wir …

- irgendwie gestört,
- ein bisschen unsicher
- und gestresster sind, als es gut wäre.

Ach ja, und es gibt da noch etwas, das wir normalerweise gerne für uns behalten: *Wir sind beide Pastoren.*

Das bedeutet, wir haben den Großteil unseres Erwachsenenlebens damit verbracht, Menschen in Kirchen zu helfen, in ihrer Beziehung mit Gott zu wachsen.

Wir halten uns nicht für Experten, was Gott oder Beziehungen angeht. Aber wir wollen unser Leben dafür einsetzen, herauszufinden, wie wir Gott und unsere Familien besser lieben können, und wie wir anderen helfen können, das Gleiche zu tun.

Rechnet man das Alter unserer Kinder zusammen, kommt man auf fast 120 Jahre. Das bedeutet, zusammengenommen haben wir schon mehr als 43 500 Tage Kinder erzogen. Wir hatten also viel Zeit, um mit unseren Kindern zu experimentieren.

Wir haben unendlich viele Fehler gemacht, aber auch einige unbeabsichtigte Entdeckungen, aus denen dann prägende, positive Erinnerungen wurden. Inzwischen sind alle unsere Kinder nahezu perfekte Erwachsene und wir trauen uns, ein Buch über Erziehung zu schreiben. (Nicht ganz. Wir wollten nur testen, ob Sie noch bei der Sache sind.) Neuer Versuch: Inzwischen haben wir gelernt, dass es Wichtigeres gibt, als dass Kinder *gelingen* und wir sehen uns daher gedrängt, unsere Erkenntnisse in Buchform zu bringen.

Als ich (Carey) vor einigen Jahren Reggie Joiner traf, leitete er die Familienarbeit der *North Point Community Church* in *Alpharetta, Georgia*. Zusammen mit Andy Stanley und anderen hatte er 1995 diese Gemeinde gegründet. Ihr Buch *The Seven Practices of Effective Ministry* (dt.: Sieben Übungen für eine effektive Gemeindearbeit) war gerade erschienen, und ich lud Reggie ein, eine Gruppe kanadischer Leiter zum Thema Strategie zu schulen. In einer der Schulungseinheiten plädierte er dafür, dass die Gemeinde mit den Familien effektiver zusammenarbeiten müsse. Das stellte meinen Blick auf meine eigene Familie und die anderen Familien in unserer Gemeinde völlig auf den Kopf. Und seit jenem Tag haben wir uns unzählige Male über unseren Kampf durch die verschiedenen Erziehungsphasen ausgetauscht.

In den letzten Jahren wurde Carey zu einem meiner (Reggies) besten Freunde. Es hat mich sehr beeindruckt und geprägt, wie er als Hauptpastor eine beachtliche Gemeinde aufgebaut hat, in der Familien höchste Priorität genießen. Carey ist außerdem eine besondere Führungspersönlichkeit. Er hat zuerst Jura studiert und nach seinem Abschluss beschlossen, noch Theologie zu studieren. Er ist ein begnadeter Kommunikator mit einer tiefen Leidenschaft für die Menschen in seinem Stadtteil. Nachdem er einige Jahre lang eine wachsende Gemeinde in der Nähe von Toronto geleitet hatte, gründete er eine neue Gemeinde namens *Connexus.* Seit 2005 unterstützt Carey unser Team darin, Pastoren und Gemeindemitarbeitern weltweit den Orange-Faktor zu erklären.

In diesem Buch werden wir immer wieder die Farbe Orange erwähnen. Orange symbolisiert für uns die Partnerschaft zwischen Eltern und Gemeinde, von der wir glauben, dass sie möglich ist. Bringt man das *Licht* einer Glaubensgemeinschaft (gelb) zusammen mit dem *Herzen* einer liebevollen Familie (rot), erhöht man exponentiell die Chance, im Leben eines Kindes wirklich etwas zu bewirken. Diese beiden Einflüsse wirken zusammengenommen viel stärker als jeder für sich allein.

Wir schreiben dieses Buch auch, weil Sie wissen sollen, dass Sie nicht auf sich allein gestellt sind. Bitte nicht missverstehen: Niemand hinterlässt größere Spuren im Leben Ihres Kindes oder Ihres Jugendlichen als Sie. Aber Sie können Ihr Kind am besten prägen, wenn Sie bewusst mit anderen zusammenarbeiten, die ebenfalls Einfluss auf Ihr Kind haben. Wenn Sie Erziehung nur für sich alleine betreiben, werden Ihnen Ihre eigenen Fehler zunehmend bewusster werden und Sie gehen das Risiko ein, über kurz oder lang frustriert zu sein.

Egal, wie gut wir die Kindererziehung beherrschen, wir haben alle nur begrenzte Kapazitäten für diese Aufgabe, die eigentlich gar nicht zu erfüllen ist. Die Gesellschaft zeichnet ein Bild vor, das die meisten von uns alleine nicht erreichen können. Im Gegenteil: Die hohen Erwartungen führen uns nur umso deutlicher vor Augen, wie weit wir vom Ziel entfernt sind. Darum ist dies auch kein *Selbst-Hilfe-Buch*, es ist ein *Finde-Hilfe-Buch.* Es geht darum, wie Sie Ihre Kapazitäten erweitern können, indem Sie bestehende Möglichkeiten in Anspruch nehmen, von denen Sie einige bereits kennen werden und andere nicht.

Ihre Schwächen können Ihnen dabei sogar nützlich sein, denn sie können Ihnen Mut machen, andere Einflüsse in Ihre Familie miteinzubinden. Wir hoffen, dass die Lektüre Sie dazu inspiriert, über Ihren Tellerrand zu blicken und Prinzipien anzuwenden, die Ihnen helfen, Ihre Kinder über Ihre eigenen Begrenzungen hinaus zu prägen.

Die Konzepte in diesem Buch möchten wir mehr als Kompass, denn als Straßenkarte verstanden wissen. Das Letzte, was wir wollen, ist, einen neuen unerreichbaren Standard aufzustellen oder mehr elterliche Initiative oder zusätzliche Aufgaben für Sie einzufordern. Stattdessen möchten wir einen Rahmen schaffen, der Ihnen zu erkennen hilft, was wirklich zählt.

Außerdem werden wir immer wieder uralte Weisheiten einstreuen, die Mose den Leuten von Israel mit auf den Weg gab, als er darüber sprach, wie sie ihre Kinder lehren sollten. Und wir werden aus unserem eigenen Leben erzählen, um Moses Gedanken ins Heute zu übertragen.

In den Kapiteln drei bis sieben werden wir fünf Familienwerte erläutern, die Ihre Erziehung prägen können. Am Ende dieser Kapitel stellen wir jeweils einige Fragen, die für die Umsetzung in Ihrer eigenen Familie vielleicht hilfreich sind und die Sie nutzen können, wenn Sie das Buch in einer Gruppe lesen. Wir sind überzeugt davon, dass es enorm viel bringt, dieses Buch gemeinsam mit anderen durchzugehen. Also warum laden Sie nicht einfach ein paar Eltern ein, miteinander ins Gespräch zu kommen und die Möglichkeiten zu nutzen, die eine solche Gruppe bietet?

Unsere Hoffnung ist, dass Sie am Ende des Buches …

- wissen, dass Ihre Familie Teil einer größeren Geschichte ist,
- zusätzliche Einflüsse in das Leben Ihrer Kinder einbinden,
- das im Blick haben, was für die Zukunft Ihrer Kinder wirklich entscheidend ist,
- ganz neu für Ihre engsten Beziehungen kämpfen,

- einen gesunden Familienrhythmus entwickeln, in dem Sie miteinander kommunizieren und
- lernen, sich selbst als Elternteil anzuleiten.

Und wir sind überzeugt, dass Sie anschließend in der Lage sein werden, Ihre Kinder über Ihre eigenen Begrenzungen hinaus zu erziehen.

Reggie Joiner
Carey Nieuwhof

Kapitel 1

Eltern in Orange

Unser Einfluss als Eltern ist am wirkungsvollsten, wenn wir ihn zusammen mit einer größeren Gemeinschaft ausüben

Ich (Reggie) war Vater von zwei Kleinkindern, als mir klar wurde, dass ich Hilfe brauchte. Ich war 28, und eine große Gemeinde in Florida hatte mich gerade als Pastor für junge Erwachsene und Familien angestellt. An unserem ersten Sonntag dort gingen wir nach dem Gottesdienst in ein Restaurant namens *Jungle Jim's*. Man brachte uns zu einem Tisch mitten im Saal, und ich erinnere mich, wie mir schlagartig bewusst wurde, dass wir von Gemeindemitgliedern umgeben waren, die hier ebenfalls alle zu Mittag aßen.

Reggie Paul war damals vier und Hannah zwei. Wir setzten uns mit ihnen an den Tisch. Weil ich nun der neue Pastor war, wollte ich natürlich unbedingt, dass meine Kinder sich gut benahmen, aber da stellte eine Kellnerin auch schon eine Orangenlimonade vor meine Tochter. Hannah war begeistert von einem Glas ohne Deckel und entdeckte, welche spannenden Muster die orangefarbenen Tropfen auf der weißen Tischdecke hinterließen, wenn sie ihren Strohhalm schüttelte.

Wenn Sie Kleinkinder haben, wissen Sie, wie schnell sich das Chaos ausbreiten kann.

Meine Frau Debbie saß neben Hannah. Sie spürte meine Anspannung und bemühte sich, das künstlerische Schaffen unserer Tochter in eine konstruktive Richtung zu lenken. Aber mit jedem Versuch meiner Frau war Hannah nur umso entschiedener, den Tisch orange zu sprenkeln.

Ich beschloss, die Dinge nun selbst in die Hand zu nehmen. Schließlich musste ich als Vater und Pastor vor der gesamten Gemeinde ein deutliches Zeichen setzen, die nämlich mittlerweile aufmerksam verfolgte, was an unserem Tisch vor sich ging.

Ehrlich gesagt bin ich nicht mehr sicher, warum ich ausgerechnet diese Drohung aussprach. Ich hätte es besser wissen müssen. Wahrscheinlich fiel mir gerade einfach nichts Besseres ein, weil ich mir einfach nur sehnlichst wünschte, dass sie sich benahm! Und so lehnte ich mich so weit wie möglich zu ihr hinüber, blickte ihr in die Augen und flüsterte so leise, dass nur sie es hören konnte: „Wenn du den Strohhalm noch einmal berührst, musst du sterben!"

Sie war erst zwei, aber sie durchschaute mich völlig. Erst blickte sie mich an, dann ihr Glas und schließlich stieß sie mit ihrer rechten Hand blitzschnell gegen die Limonade, die sich über den ganzen Tisch ergoss.

Ich sprang auf und packte sie, um draußen ein eingehendes Vater-Tochter-Gespräch mit ihr zu führen.

Als ich mit ihr zwischen den Tischen entlanglief, fing meine Zweijährige an zu kreischen: „Daddy, bitte bring mich nicht um! Daddy, bitte bring mich nicht um!" Doch sobald sie merkte, dass sie Zuschauer hatte, drückte sie mir einen Kuss auf die Wange, legte ihren Kopf auf meine Schulter und säuselte: „Daddy, es tut mir leid!"

Ich hörte das komplette Restaurant einstimmig seufzen: „O wie süß!"

Die Geschichte von Hannahs Orangenlimonade erinnert mich immer wieder daran, wie viel schwieriger Erziehung ist, als sich viele Eltern bewusst machen. Die meisten stellen erst kurz nach der Geburt ihres Sprösslings fest, dass in ihrem Werkzeugkasten einige Geräte fehlen, die für den Elternjob nötig wären.

Häufig stehen wir mit den Werkzeugen da, die wir von unseren Eltern übernommen haben und setzen sie automatisch bei unseren eigenen Kindern ein. Es entbehrt nicht einer gewissen Ironie, dass wir Aussprüche oder Methoden unserer Eltern anwenden, die schon bei uns nicht funktioniert haben und dementsprechend auch bei unseren Kindern wertlos sind. So war ich mir ziemlich schnell klar, dass ich mir noch andere Fähigkeiten aneignen musste, als mein Vater sie besessen hatte.

Daraufhin las ich Hunderte von Büchern, besuchte Dutzende von Konferenzen und unterhielt mich Tausende von Stunden mit Eltern, die schlauer waren als ich. Und was hat mir das gebracht? Ein beklemmendes Gefühl der Überforderung! Mir schien, als müsste ich unendlich viel verändern, ohne einen blassen Schimmer zu haben, womit ich am besten anfangen sollte.

Viele Eltern wachen eines Tages auf und stellen fest, dass sie gerade den Beziehungen zu wenig Zeit einräumen, denen sie einmal oberste Priorität versprochen haben.

Das Problem dabei war außerdem noch meine persönliche Kapazität. Vielleicht bin ich da der Einzige, aber ich habe nie für irgendetwas genügend Zeit und Ruhe. Darum war mein Erziehungsstil eher spontan und beliebig. Wir sind so gestrickt, dass wir meist einfach tun, was uns in einem bestimmten Moment in den Sinn kommt. Wir schnappen uns das erstbeste Buch aus dem Regal, überfliegen die erste Website, die Google uns anzeigt, oder lesen flüchtig verschiedene Skripte, die vermeintliche Experten uns gegeben haben. Und dann experimentieren wir drauflos.

Im Rückblick erkennt man seine Fehler immer leichter. Ich kann gedanklich die Archive unseres Familienlebens durchblättern und etliche Momente benennen, die ich gerne rückgängig machen würde. Ich erinnere mich ungern an Augenblicke, in denen das Chaos ausbrach, weil mir meine inneren Werte unklar waren und ich Entscheidungen aus der aktuellen Situation heraus traf, statt mir erst einmal das Gesamtbild vor Augen zu halten. Ich fürchte, da bin ich nicht der Einzige. Außerdem wachen viele Eltern eines Tages auf und stellen fest, dass sie gerade den Beziehungen zu wenig Zeit einräumen, denen sie einmal oberste Priorität versprochen haben.

Weil mir diese Mankos aufgefallen sind, habe ich mich vor Kurzem hingesetzt und ein paar Gedanken zum Thema Erziehung aufgeschrieben, die ich nicht vergessen will. Einfach, damit ich das Wesentliche nicht aus dem Blick verliere. Diese Liste erhebt keinerlei Anspruch auf Vollständigkeit. Es sind nur meine persönlichen Top 5 unter den Erziehungsregeln:

- Wichtiger als alles andere ist, dass meine Kinder eine echte Beziehung mit Gott führen.
- Meine Frau und ich sind nicht die einzigen Erwachsenen, die unsere Kinder prägen sollen.
- Meine Kinder dürfen wissen, dass ich nie aufhören werde, um eine gute Beziehung zu ihnen zu kämpfen.
- Meine Beziehung zu Gott und zu meiner Frau hat größeren Einfluss auf meine Kinder, als ich gerade merke.
- Nur miteinander Zeit zu verbringen, kann niemals tief gehende Gespräche ersetzen.

Als ich diese Sätze aufgeschrieben hatte, merkte ich, dass alle eines gemeinsam haben: Sie rücken das Thema Beziehungen in den Mittelpunkt. Manchmal vergessen wir, was die Kernaufgabe von Erziehung ist: Sie muss die Beziehungen fördern, die über die Zukunft eines jeden Kindes entscheiden.

Ich befinde mich im Moment in der Lebensphase, in der alle vier Kinder studieren und erwachsen werden. Wenn ich über die Vergangenheit nachdenke und mich darauf freue, was noch kommt, stelle ich immer wieder erstaunt fest, dass diese fünf Werte jeden unserer gemeinsamen Lebensabschnitte bestimmt haben. Ich wünschte, ich hätte sie mir schon vor 20 Jahren aufgeschrieben. Denn es passiert uns leider nur allzu leicht, dass wir eine Bilderbuchfamilie vorspielen, statt die echten Erziehungsziele anzusteuern.

Im Folgenden möchte ich ein paar Gedanken erläutern, von denen ich hoffe, dass Sie Ihnen beim Lesen im Gedächtnis bleiben:

Niemand prägt Ihre Kinder stärker als Sie.

Dass Sie der wichtigste Einfluss im Leben Ihres Kindes sind, ist Ihnen vermutlich intuitiv bewusst. Die meisten Eltern haben ein Gespür dafür, dass die Beziehung zu ihren Kindern sehr wichtig ist. Uns ist klar, dass wir mit ihren prägendsten Jahren verantwortlich umgehen müssen. Egal wie, wir formen unsere Kinder. Diese elterliche Verantwortung kann und sollte auch niemand anders auf diesem Planeten übernehmen. Lehrer, Pastoren und Trainer werden nie in der Lage sein, den Charakter, das Selbstbewusstsein, die Ansichten oder den Glauben eines Kindes so zu prägen wie seine Eltern. Der Einfluss von Lehrern, Pastoren oder Trainern ist immer nur vorübergehend. Sie kommen und gehen in bestimmten Lebensphasen. Als Mutter oder Vater prägen Sie aber dauerhaft.

Spüren Sie gerade, wie sich bei Ihnen ein innerer Druck aufbaut? Gut. Es ist wahrscheinlich ganz gesund, immer mal wieder ein wenig Panik zu verspüren, vor allem wenn es dazu führt, dass wir uns selbst eingestehen, als Eltern nicht vollkommen zu sein und Hilfe zu brauchen. Denn wenn Sie vor Ihrer Elternrolle nicht auch ein wenig Respekt haben, ist Ihnen womöglich die ganze Tragweite noch gar nicht bewusst.

Wenn ich Ihnen wirklich Angst einjagen wollte, würde ich natürlich gewisse Experten zitieren und ihre Statistiken über Schulabbrecher, Teenagerschwangerschaften und jugendliche Straftäter aus schlechten Elternhäusern. Ich könnte belegen, dass Jugendliche, die zu selten gemeinsam mit ihrer Familie zu Abend essen, insgesamt häufiger auf die schiefe Bahn geraten.

Aber ich würde solche Zahlen natürlich nie anführen, um Sie zur Verzweiflung zu bringen. Wenn Sie ähnlich gestrickt sind wie ich, spüren Sie ohnehin schon, wie sämtliche Erwartungen an Eltern auf Ihren Schultern lasten. Und ohnehin hängen die meisten die Latte am Anfang extrem hoch. Als unser erstes Kind geboren wurde, nahmen Debbie und ich uns vor, niemals vor unseren Kindern zu streiten, sie nicht fernsehen zu lassen und ihnen nie Fast Food vorzusetzen. Das war, bevor wir feststellten, dass uns nur Zeit zum Streiten blieb, wenn die Kinder fernsahen und dass jede McDonald's-Werbung unsere Kinder unterschwellig hypnotisiert und sie um Chicken McNuggets betteln lässt. Unsere Absichten lösten sich ziemlich schnell in Luft auf, stattdessen entwickelten wir in dieser ganz frühen Erziehungsphase bereits Schuldgefühle.

Was aber hat das alles mit Einfluss und Prägung zu tun? Der Punkt ist der: Die meisten Eltern fühlen sich automatisch verantwortlich, einfach weil sie Eltern sind. Und wenn sie dieser Rolle gerecht werden wollen, könnten sie irrtümlich annehmen, sie müssten Profi-Eltern werden – was jedoch gar nicht möglich ist. Wir denken schnell, wir müssten noch mehr Listen aufstellen, noch organisierter werden, uns noch mehr anstrengen und dürften niemals Fehler begehen, um als Eltern erfolgreich zu sein. Stattdessen sollten wir uns bewusst machen, dass die Beziehung zu unseren Kindern viel wichtiger ist als jede pädagogische Begabung. Als Eltern müssen Sie keine außergewöhnlichen erzieherischen Fähigkeiten entwickeln.

Unrealistische Erwartungen an uns selbst führen schnell dazu, dass wir von unseren Kindern enttäuscht und unzufrieden sind. Und wenn wir nicht aufpassen, führt unser Erziehungseifer schnell zu einer ungesunden Atmosphäre. Stattdessen müssen wir wissen, wohin wir wollen, und uns dann auf die wichtigste Aufgabe als Familie konzentrieren.

Sie sollen nicht Ihre Kinder oder sonst irgendjemanden mit Ihrer Erziehung beeindrucken. Ihre Aufgabe besteht vielmehr darin, Ihrem Kind Gottes Liebe und sein Wesen nahezubringen. Die Tatsache, dass niemand Ihr Kind stärker prägen kann als Sie, legt nahe, dass Gott Ihnen bereits die natürlichen Fähigkeiten dafür geschenkt hat, Ihre Kinder zu lieben und anzuleiten. Heißt das, Sie sollten nicht versuchen, diese Begabungen auszubauen? Natürlich nicht. Aber Sie sollten mit einer Perspektive erziehen, in der die Beziehung im Mittelpunkt steht, nicht Ihre Kompetenzen oder Fähigkeiten. Das nimmt den Druck aus der Sache. Anders formuliert: Jeder kann ohne große Kommunikationsbegabungen oder Kenntnisse in Kinderpsychologie eine hervorragende Mutter oder ein großartiger Vater sein. Denn Ihre Beziehung zu Ihrem Kind, die sonst kein anderer Mensch in diesem Maße hat, gibt Ihnen die Möglichkeit, Ihr Kind zu prägen. Sie sind eine Mutter. Sie sind ein Vater. Niemand kann erreichen, was Sie erreichen können.

Genau darum haben Carey und ich dieses Buch geschrieben: Wir glauben daran, dass jede Mutter und jeder Vater das Potenzial besitzt, etwas zu tun, was nur sie oder er tun kann. Aber zu diesem Prinzip gehört noch ein Gegenstück. Deshalb handelt dieses Buch noch von einer zweiten Überzeugung: Manche Dinge entziehen sich dem Einfluss der Eltern.

Ich will an dieser Stelle einmal einen ernüchternden Gedanken in den Raum stellen: Ihre Familie wird für Ihre Kinder niemals ausreichend sein. Die beste Erziehung in der besten Familie wird allein niemals genügen, um beziehungsfähige, stabile und geistlich vitale Kinder hervorzubringen. Ich will damit Ihre Rolle keinesfalls schmälern, wir haben sie ja gerade erst deutlich hervorgehoben. Ich möchte einfach eine andere Wahrheit dagegenstellen und halte beide für gleich wichtig. Als Eltern sind wir der entscheidende und prägendste Faktor im Leben unserer Kinder. Vieles können wir so gut bewirken wie niemand sonst. Aber das andere stimmt genauso: Manches liegt außerhalb unserer eigenen Möglichkeiten als Eltern. Darum hier ein weiteres Erziehungsprinzip:

Sie sind nicht der einzige Einfluss, den Ihre Kinder brauchen.

Manche denken zu Beginn ihres Elterndaseins, sie wären die Einzigen, die ihre Kinder prägen. Das beginnt, wenn die Kinder Säuglinge sind. Sie wachsen zu Kleinkindern heran und ein paar Jahre später stellen wir plötzlich erschrocken fest, dass Jugendliche unter unserem Dach hausen. Und uns wird schlagartig bewusst, dass unsere Kinder mehr brauchen als nur uns. Dies ist der ganz normale Weg zu Unabhängigkeit und Erwachsensein, der aber gleichzeitig auch von unserem von Gott gegebenen Bedürfnis nach Beziehungen geprägt ist. Deshalb sind Beziehungen entscheidend wichtig für ihren eigenen Stellenwert, sobald Jugendliche Teil einer größeren Geschichte werden und anfangen, die Welt aktiv mitzugestalten.

Wenn Sie einen Erziehungsstil erlernen, der nicht nur Ihre eigenen Fähigkeiten einbezieht, dann haben Sie zusätzliche Möglichkeiten an der Hand, die Persönlichkeit Ihrer Kinder zu prägen. Dann leben Sie bewusst den Wert von Beziehung vor und streben statt kurzfristiger Ziele nachhaltige Erfolge an. Uns ist in diesem Buch wichtig klarzumachen, dass sich Ihre Kinder eines Tages unweigerlich die Bestätigung und Anerkennung anderer Erwachsener holen werden. Und entweder suchen Sie sich bewusst diese anderen Erwachsenen aus, die Einfluss auf Ihre Kinder haben – oder Sie vertrauen lediglich auf Ihre eigenen begrenzten Möglichkeiten. Sie können Ihre Kinder sich selbst überlassen und damit leben, dass ihre Persönlichkeit und ihr Glaube wahllos und zufällig geprägt werden, oder Sie helfen ihnen, aktiv hilfreiche Beziehungen zu knüpfen.

Wenn Sie einen Erziehungsstil erlernen, der nicht nur Ihre eigenen Fähigkeiten einbezieht, dann haben Sie zusätzliche Möglichkeiten an der Hand, die Persönlichkeit Ihrer Kinder zu prägen.

Dieses Prinzip hängt unmittelbar mit Ihren eigenen Fähigkeiten zusammen. Machen Sie sich das völlig bewusst. Ihren Kindern wird eine Vielzahl von Anforderungen begegnen, von denen Sie keine Ahnung haben: sei es auf dem Gebiet der Ausbildung oder der Gesundheit, im Bereich des Sports oder anderer Interessen. Aber auch wenn Sie nicht alles selbst beherrschen, können sie Ihrem Sohn oder Ihrer Tochter helfen, sich die notwendige Unterstützung dafür zu suchen. Tun das Eltern nicht ohnehin ständig? Wenn man etwas nicht selbst kann, sucht man sich *außerhalb* der eigenen Begrenzungen Hilfe und vertraut auf Nachhilfelehrer, Fußballtrainer oder Ärzte. Wenn Sie sich darauf beschränken, das zu tun, was Sie selbst können, sich aber da Hilfe zu holen, wo sie etwas nicht beherrschen, dann führen Sie einen Erziehungsstil, der Möglichkeiten jenseits eigener Begrenzungen in Anspruch nimmt. Nicht Ihre Fähigkeiten sind dann entscheidend, sondern Ihre Beziehung zu Ihren Kindern und Ihr Bemühen, sie in die richtige Richtung zu lenken.

Können Sie sich eingestehen, dass Ihre eigenen Fähigkeiten nicht ausreichen, um Ihren Sohn oder Ihre Tochter großzuziehen?

Wie geht es Ihnen mit der Vorstellung, ganz bewusst andere Personen in das Leben Ihrer Kinder einzubinden?

An dieser Stelle kommt noch ein drittes Prinzip ins Spiel:

Zwei Einflüsse haben zusammengenommen größere Auswirkungen als beide unabhängig voneinander.

Wir nennen das den Faktor Orange.

Wenn nicht bereits geschehen, werden Sie im Kindergartenalter unweigerlich auf das Phänomen Fingerfarbe stoßen. Es ist ein magischer Moment, wenn ein Kind entdeckt, dass eine neue Farbe entsteht, wenn man zwei miteinander mischt. Es ist spannend zu beobachten, wie zwei Pigmente sich miteinander verbinden und etwas markant anderes hervorbringen. Genau das geschieht, wenn Rot und Gelb ihre Kräfte bündeln und zu Orange werden.

Für uns symbolisiert die Farbe Orange den Erziehungsstil, der über die eigenen Begrenzungen hinauswächst. Sie ist eine visuelle Erinnerung, warum die Prägung durch andere Menschen für unsere Kinder wichtig ist. Wer jemand anderem zutraut, der eigenen Tochter Mathe beizubringen, denkt orange. Wir nutzen also die Kenntnisse eines anderen, um mehr zu bewirken. Wie aber könnte es aussehen, wenn wir das gleiche Prinzip auf die moralische und geistliche Entwicklung unserer Kinder beziehen? Für uns repräsentiert die Farbe Rot die bedingungslose Liebe einer Familie und Gelb das Licht, das eine größere Glaubensgemeinschaft ausstrahlt. Wenn diese beiden Einflüsse ihre Kräfte bündeln, werden Kinder tief greifend geprägt.

Carey und ich konnten beobachten, welche große Rolle andere Christen im Leben unserer Kinder spielten. Orange erinnert uns daran, wie wichtig es ist, dass Eltern und Gemeinde miteinander

Hand in Hand arbeiten. Beide sind wichtig, und das Prinzip ist recht einfach: Wer nur mit Rot malt, entdeckt, was Rot bewirkt. Wer nur mit Gelb malt, entdeckt, was allein Gelb erzeugen kann. Aber wer mit Rot *und* Gelb malt, sieht neue Möglichkeiten, erstaunliche Lösungen und dynamische Ergebnisse. Wenn Sie orange denken, werden Sie entdecken, dass zwei Einflüsse zusammengenommen größere Auswirkungen haben als beide jeweils unabhängig voneinander.

Hoffentlich erahnen Sie schon jetzt die Möglichkeiten, die sich daraus ergeben …

Es gibt zwei mächtige Einflüsse auf diesem Planeten –
die Gemeinde und das Zuhause.

Es gibt sie beide, weil Gott sie geschaffen hat.
Es gibt sie beide, weil Gott sie liebend gern gebraucht,
um zu zeigen, wie er retten und heilen will.

Wenn beide zusammenwirken, können sie
mehr erreichen als allein.
Sie brauchen einander.

Zu viel steht auf dem Spiel, als dass einer wegfallen könnte.
Beide sollen zuallererst Gottes Reich in die Herzen
von Männern und Frauen, Söhnen und Töchtern pflanzen.

Sowohl Familie als auch Gemeinde sind Systeme, die aus unvollkommenen Menschen bestehen, aber von Gott dafür gedacht sind, der Welt seine Geschichte zu erzählen. Wer orange denkt, kombiniert den eigenen Einfluss mit dem einer Gemeinschaft aus Christen und nutzt damit die Chance, mehr zu bewirken als allein.

Uns geht es nicht nur darum, dass Sie sich eine Gemeinde suchen, die Ihre Kinder zu geistlichem Wachstum anregt. Das hieße, nur mit Gelb zu malen. Und es braucht mehr, als Ihre Familie zu geben hat – denn Letzteres würde bedeuten, nur mit Rot zu malen. Ihre Familie und Ihre Gemeinde bemühen sich vermutlich beide nach Kräften. Gemeinden bieten häufig Veranstaltungen an, die Familien inspirieren sollen, und unzählige Familien nehmen regelmäßig daran teil. Beide geben sich große Mühe, Kindern den Glauben zu vermitteln. Aber meistens arbeiten sie nicht synchron. Ihnen steht vielleicht das gleiche Ziel vor Augen, aber zur selben Zeit an derselben Sache zu arbeiten ist nicht so effektiv, wie zur selben Zeit an derselben Sache *mit derselben Strategie* zu arbeiten. Bringt man beide kreativ zusammen, sieht man nicht mehr nur rot oder gelb, sondern zapft zudem den Orange-Faktor an.

Unsere Hoffnung ist, dass Ihnen dieses Buch hilft, die richtigen Einflüsse miteinzubinden, um im Leben Ihres Kindes mehr zu bewirken. Auf den folgenden Seiten möchten wir die Werte herausarbeiten, anhand derer Sie einschätzen können, welche Beziehungen für die Zukunft Ihrer Kinder am wichtigsten sind.

Wir laden Sie ein, sich als Familie in eine größere Geschichte einzubringen, eine Geschichte, die den Horizont Ihrer Familie erweitert und die deutlich macht, welche wichtige Rolle sie in dieser Welt spielt. Die Geschichte geht über Ihre eigene Familie hinaus. Sie beinhaltet zusätzliche Prägungen, die zu entdecken helfen, wer Gott ist und warum eine Beziehung zu ihm so entscheidend ist. Wir hoffen, die Kernwerte dieses Buches navigieren Sie gut durch die unterschiedlichen Erziehungsphasen. Wir ermutigen Sie, einen Erziehungsstil zu etablieren, der Ihnen hilft, …

... *den Kreis zu erweitern:* Laden Sie andere ein, sich in das Leben Ihrer Kinder zu investieren, damit Ihr Sohn oder Ihre Tochter noch mehr Stimmen hören, die ihnen Orientierung geben können.

... *vom Ende her zu denken:* Richten Sie Ihre Aufmerksamkeit auf die Themen, die langfristige Bedeutung haben.

... *die Herzen Ihrer Kinder zu erobern:* Schaffen Sie in Ihrer Familie eine Atmosphäre bedingungsloser Liebe und geben Sie Ihren Kindern dadurch emotionale und moralische Stabilität mit auf den Weg.

... *Rituale zu schaffen:* Nutzen Sie die Chance schöner Momente und stärken Sie das Selbstwertgefühl durch tägliche gemeinsame Erfahrungen.

... *bei sich selbst anzufangen:* Lassen Sie Ihre Kinder beobachten, wie Sie sich bemühen, auch selbst weiter zu reifen, damit sie lernen, mit ihren eigenen Schwächen umzugehen und im Glauben und in der Persönlichkeitsentwicklung weiterzukommen.

Jeder dieser Werte kann helfen, die eigenen Begrenzungen zu überschreiten. Wenn Sie dieses Buch lesen, versprechen wir Ihnen Folgendes:

- Sie werden nach wie vor ausgelaugt sein.
- Sie werden sich weiterhin dauernd fragen, wie Sie in bestimmten Situationen angemessen reagieren.
- Ihre Kinder werden sich auch dann nicht immer so benehmen, wie Sie sich das wünschen.

- Sie werden sich immer noch fragen, ob Sie ein guter Vater oder eine gute Mutter sind.

Ach ja, und eins noch:

Ihre Beziehung zu Ihren Kindern und zu den Menschen, die sie in ihrem Leben sonst noch brauchen, wird gestärkt.

Kapitel 2

Das Syndrom der Bilderbuchfamilie

Gott hält uns kein perfektes Bild vor Augen, sondern erzählt eine größere Geschichte

Wie fühlen Sie sich, wenn Sie an Erziehung denken? Sieht Ihre Familie so aus, wie das Bild, das Sie ursprünglich im Kopf hatten? Denn wir haben alle Bilder davon im Kopf, wie eine Familie sein sollte. Unsere Bilder stammen aus den verschiedensten Quellen: Tradition, Medien, Erziehungsratgeber, Hollywood und vielen anderen.

Vielleicht haben Sie das Bild einer perfekten Familie auch aus Ihrer Gemeinde übernommen. Möglicherweise gibt es in Ihrer Gemeinde sogar einmal im Jahr eine Predigtreihe, in der es darum geht, dass es bei Ihnen zu Hause ungefähr so aussehen sollte: Papa hat die Hosen an, alle beginnen das Frühstück mit einer gemeinsamen Andacht und beten jeden Abend miteinander. Im Auto hören Sie Musik christlicher Künstler, an Ihren Wänden hängen gerahmte Bibelverse, Sie führen Ihre Ehe nach biblischen Rollenvorbildern, wählen eine konservative Partei und spenden zehn Prozent Ihres Bruttoeinkommens.

Wir alle haben ein Idealbild von Familie im Kopf.

Und womöglich steht am Ende das biblische Versprechen: „Ihre Söhne stehen auf und preisen sie“ (Sprüche 31,28).

Wir alle haben ein Idealbild von Familie im Kopf. Wir wurden von den Bildern um uns herum geprägt und haben eine innere Vorstellung davon, wie unsere Familie aussehen sollte. Egal ob im Einkaufszentrum, im Kino, in christlichen Zeitschriften, auf Werbeplakaten und in der Arztpraxis: Ständig werden wir mit Bildern und Fotos konfrontiert. Überall werden wir daran erinnert, wie die ideale Familie gekleidet ist und sich verhält. Eine solche Bilderbuchfamilie, nach der sich mancher sehnt, wollen wir uns einmal näher ansehen.

Dies ist Familie Standard: Tim und Anne Standard mit ihren beiden Kindern Ben und Emma. Er ist gut rasiert, trägt ein Markenhemd und teure Jeans. Sie hat lange Haare, ein umwerfendes Lächeln und strahlend weiße Zähne. Ben ist zweieinhalb Jahre älter als Emma und beide halten einander die Tür auf, wenn sie einen Raum betreten. Die Sonne scheint und der Picknickkorb steht gleich außerhalb der Kameraperspektive.

Die perfekte Familie, oder?

Viel zu häufig haben wir nur noch das Bild einer bestimmten Familie vor unserem inneren Auge, das wir uns selbst zusammengebastelt haben. Wir sehen diese Standardfamilie und denken, alle müssten so werden wie sie.

Und alles ist gut. Bis wir feststellen, dass die Standardfamilie gar nicht echt ist.

Sie ist nicht mehr als das Standardfoto irgendeiner beliebigen Bildagentur, bearbeitet mit Photoshop: vier attraktive Models, die dafür bezahlt wurden, sich fotografieren zu lassen, damit Einkaufszentren, Bekleidungsgeschäfte, Supermärkte und sogar Gemeinden ihre Bilder verwenden können, um die Illusion von etwas zu erschaffen, was gar nicht existiert.

Das Foto erfüllt dabei genau den Zweck, für den es fotografiert wurde: Es zeigt perfekte Menschen und weckt Unzufriedenheit mit unserem eigenen Leben.

In der wirklichen Welt könnte es Familie Standard ganz anders ergehen als das Foto suggeriert. Tim wäre womöglich Apotheker und medikamentenabhängig. Anne hätte Depressionen aufgrund ihrer hohen Schulden. Ben litt unter ADHS und Emma wäre in psychologischer Behandlung, weil sie beobachtet wurde, wie sie ihren Barbiepuppen den Kopf abgerissen hat.

Nichts davon ist natürlich wahr. Außer, dass *diese* Geschichte viel dichter an der Realität ist als das, was das Foto vorgaukelt. Sie ähnelt viel mehr dem, was die meisten Familien erleben.

Die Realität sieht in jeder Familie anders aus. Vielleicht leidet jemand an einer Sucht oder es gab eine Affäre oder Scheidung. Oder eines der Kinder rebelliert gegen Eltern und Schule.

Viele haben auch einen ganz unspektakulären Alltag und müssen nur das Zusammenleben mit den Menschen regeln, die sie lieben. Oder sie sind mit ihrer Karriere unzufrieden, oder die Luft aus ihrer Ehe ist raus, oder sie müssen sich zu viele Nachmittage neben dem Fußballplatz ihrer Kinder um die Ohren schlagen, oder sind einfach nur noch vom Leben gelangweilt.

Die Realität sieht in jeder Familie anders aus.

Andere Familien wiederum leiden unter einer unerwünschten Situation: einer Krankheit oder einem Unfall, oder sie erleben Arbeitslosigkeit oder *irgendetwas* geht schief. Egal worum es sich handelt: Das, was sie sich einmal erträumt hatten, entspricht so gar nicht mehr dem, was sie erleben.

Eins aber haben wir alle gemeinsam: Wir leben mit einem Idealbild von Familie, das wir niemals erreichen werden. Wir betrachten Familie Standard und denken: *Das sind wir nicht …* Und verspüren gleichzeitig einen Druck, so *werden* zu müssen.

Wir sind in unserer Familienwirklichkeit gefangen.

Familienleben ist chaotisch.

Erziehung ist schwer.

Und es gibt nicht nur ein richtiges Modell.

Viele Familien und Eltern passen einfach nicht in dieses Foto. Die meisten ähneln der *realen* Familie mehr als der *idealen* Familie.

Nehmen wir zum Beispiel Hadley und Amy Brandt. Hadley arbeitete vierzehn Jahre lang für Apple und hat die Struktur der Website unserer Organisation reThink maßgeblich entwickelt. Hadley und Amy sind beide in zweiter Ehe miteinander verheiratet. Hadley hat Amys fünfjährigen Sohn adoptiert, und gemeinsam haben sie zwei weitere Kinder, Nate und Kelsey. Ich weiß nicht, ob sie irgendeinem Idealbild ähneln, aber sie sind eine echte Familie. Man könnte das Bild einer perfekten Familie neben sie legen, aber das wäre nicht sonderlich sinnvoll, da ihre Situation eine ganz andere ist.

Wir können uns auch Bouavanh und Paul anschauen, deren Restaurant gleich neben unseren Büros in Atlanta liegt. Das Restaurant heißt *Mommy Francis*, und man kann dort hervorragend essen. Die frittierten Gurken können einen regelrecht ins Schwärmen bringen. In den letzten Jahren sind die beiden für mich zu guten Freunden geworden. Sie haben sich kennengelernt als Bouavanh 13 und Paul 17 Jahre alt war. Bouavanh wurde auf Laos geboren. Paul ist afrikanischer Abstammung. Sie leben seit zwanzig Jahren zusammen und haben zwei Töchter: River und Tsunami (Paul möchte, dass sie erst einen Freund haben, wenn sie mindestens 16 sind.) Man könnte ihnen ein Foto zeigen, auf dem eine perfekte Familie zu erkennen wäre, aber ich glaube nicht, dass ihnen das irgendetwas bedeuten würde. Aus ihrer Perspektive betrachtet sind sie eine echte Familie, und das ist schließlich das Einzige, was zählt.

Wir können uns auch Troy und Karen Smith ansehen. Sie haben Haley adoptiert, als sie fünf Jahre alt war. Haleys Mutter war noch ein Teenager und ihr Vater hat sich nicht um sie gekümmert. Haley wuchs bei Troy und Karen auf, die in Wirklichkeit ihre Großeltern sind. Haley hat eine tolle Geschichte: Sie ist eine begabte Musikerin und arbeitet mit sozial benachteiligten Mädchen. Würde man Troy und Karen fragen, ob alles so ist, wie sie sich das immer vorgestellt hatten, würden sie das vermutlich verneinen. Sie leben kein Idealbild, aber ihre Geschichte ist bemerkenswert.

Es wäre großartig, wenn Sie Corey Brailsford kennen würden. Als er vier Jahre alt war, erlebte er mit seiner Mutter Nadine einen furchtbaren Autounfall. Trotz Gurt wurde er dabei schwer verletzt und ist seither querschnittsgelähmt. Wie er überlebte und sich durchkämpfte, ist zutiefst beeindruckend. Aber Nadine wird sehr schnell bestätigen, dass ihre Vorstellung von Familie dem in keiner Weise ähnelte. Stellen Sie sich vor, wir würden den Brailsfords ein Foto zeigen, wie eine Familie aussehen sollte. Dieses Idealbild könnten sie nie erreichen, aber das bedeutet nicht, dass sie keine Familie sind.

Unsere Freunde Chrystina und Jayce Fincher haben eine gute Einstellung dazu: Jayce spielte einmal in einer Band, deren Album Platz fünf der Rock-Charts erreichte. Aber der ganze Lebensstil war hart für Jayce und noch härter für seine Ehe. Jayce und Chrystina hätten beinahe aufgegeben. Aber dann entschied sich Jayce, die Musik und den Ruhm an den Nagel zu hängen und kämpfte um die Beziehung zu seiner Familie. Hätte man Chrystina damals gefragt, hätte sie abgewunken und zugegeben, dass ihr Leben kaum ihrer inneren Vorstellung von Ehe entsprach. Das war nicht das, was sie sich an ihrer Hochzeit erträumt hatte. Beinahe hätte sie ihn verlassen, aber sie blieb. Der Punkt ist: Hätte sich Chrystina auf ihr Idealbild versteift, hätte es ein echtes Familienfoto von ihr, Jayce und ihren drei Kindern Holden, Ava und Cashman vielleicht nie gegeben. Würde man den Finchers das Idealfoto zeigen, würden sie vielleicht sagen:

So sind wir nicht und werden wir nie sein ... aber wir sind eine echte Familie.

Keine dieser Familien wird vielleicht je in einer Gemeindebroschüre oder einer Familienzeitschrift zu sehen sein, aber trotzdem geschieht in ihrem Leben Außergewöhnliches.

Manche wohlmeinenden Christen raten diesen Familien, sich biblische Erziehungsmethoden anzueignen. Schließlich müssen die biblischen Personen doch vorbildliche Eltern gewesen sein.

Moment, stimmt das wirklich? Wenn wir jetzt tatsächlich die Bibel aufschlagen würden, wären wir von den Vorbildern ziemlich überrascht. Denn sie entsprechen so gar nicht dem, was man erwarten könnte:

Noah hatte ein Alkoholproblem.

Abraham bot seine Frau einem anderen Mann an.

Rebekka täuschte gemeinsam mit ihrem Sohn ihren Mann Isaak.

Jakobs Söhne verkauften ihren Bruder in die Sklaverei.

David hatte eine Affäre, und sein Sohn zettelte einen Aufstand an.

Eli verlor vollkommen die Kontrolle darüber, wie seine Söhne sich im Gottesdienst benahmen.

Man könnte einwenden: „Was ist mit Joseph und Maria? Die beiden haben Jesus großgezogen und aus ihm ist doch etwas geworden." Das stimmt. Aber man darf nicht vergessen, dass sie ihn als Jugendlichen einmal drei Tage lang im Tempel zurückgelassen haben. Heute würden sie dafür beim Jugendamt gemeldet. Möglicherweise wären Adam und Eva als gute Beispiele durchgegangen, hätten sie nicht im Alleingang den Verfall der menschlichen Rasse verursacht und anschließend einen Sohn großgezogen, der seinen Bruder umbrachte.

So viel zu den biblischen Vorbildern. Wenn man die Bibel liest, stellt man fest, dass die Talkshows am Nachmittag ihre Gäste hervorragend daraus rekrutieren könnten.

Wären die Eltern aus der Bibel in Ihrer Gemeinde aufgetaucht, hätten Sie den meisten zu seelsorgerlichen Gesprächen geraten.

Hand aufs Herz: Wären die Eltern aus der Bibel in Ihrer Gemeinde aufgetaucht, hätten Sie den meisten zu seelsorgerlichen Gesprächen geraten. Sofort. Sie hätten sie definitiv nicht als geistliche Leiter eingesetzt.

Wir wollen *gläubige* Eltern nicht kritisieren, aber genauso wenig können wir behaupten, die Bibel erzähle von pädagogischen Paradebeispielen. Die Bibel gibt Ratschläge für Erziehung, darunter auch etliche allgemeingültige Prinzipien, die wir heutzutage noch durchaus anwenden sollten, aber unserer Ansicht nach waren weder David noch Noah und nicht einmal Joseph besonders gute Väter.

Gottes Geschichte

Ganz klar: Gott versucht nicht das Bild einer Idealfamilie zu zeichnen. Ich frage mich manchmal, ob Gott absichtlich schlechte Erziehungsvorbilder in der Bibel auftauchen ließ, um uns Hoffnung zu machen.

Was tut er also?

Er bietet uns kein besseres Idealbild an.

Sondern er erzählt eine Geschichte.

Eine Geschichte aus vielen Kapiteln, die sich nach und nach entfaltet. Die einen Prozess beschreibt, anstelle eines Zeitpunkts. In deren Verlauf sich viele Möglichkeiten eröffnen. Sie ist kein Foto, sondern ein Handlungsablauf, in dem Gott sich uns immer wieder neu offenbaren will.

In Gottes Geschichte wird der Alltagsglaube Realität. In ihr haben wir die Chance, unsere Beziehungen neu zu definieren. Sie eröffnet einen Neuanfang. Diese Geschichte gibt jeder Familie und jedem Elternteil eine Chance. *Wenn Gott diese Menschen gebrauchen kann, dann gibt es vielleicht auch für mich noch Hoffnung.*

Manche fragen sich, warum die Geschichten der Bibel so voller Konflikte, Gewalt und Schwierigkeiten sind. Offen gestanden ist das ein Grund für große Dankbarkeit. Denn es bedeutet, dass Gott tatsächlich in *unserer* Welt handelt, nicht in einer Fantasiewelt. Gott erzählt eine Geschichte mit echten Menschen, in einer echten Zeit und in echten Situationen.

Offenbar liegt es Gott mehr am Herzen, verletzte Menschen zu gebrauchen, als ein ideales Bild zu kreieren.

Die Bibel zeigt in erstaunlicher Offenheit, dass Gott gerne verwundete Menschen benutzt, um seine Geschichte zu erzählen. Genau genommen eignen sich verwundete Menschen sogar am besten dafür. So sind nicht umsonst in fast jeder Geschichte ramponierte Menschen die Hauptpersonen.

Offenbar liegt es Gott mehr am Herzen, verletzte Menschen zu gebrauchen, als ein ideales Bild zu kreieren.

Es ist fast so, als würde Gott sagen: *Ich werde Gemeinden und Familien, die aus verwundeten Menschen bestehen, gebrauchen, um der Welt zu zeigen, dass ich ein Gott bin, der heilt und rettet.*

Weil wir das wissen, können wir alle etwas leichter atmen, denn Gott hat keinerlei Interesse daran, ein Idealbild *vor* uns hinzustellen, sondern möchte *durch* uns eine Geschichte erzählen.

Ihre Familiengeschichte

Zu viele glauben an den Mythos, sie müssten gute Eltern werden, bevor Gott sie gebrauchen kann. In Wirklichkeit möchte Gott seine Geschichte gerade mithilfe unserer Unvollkommenheit und unserer Verletzungen erzählen.

Sobald Sie Gott in Ihre eigene nicht besonders ideale Geschichte einladen und ihn in Ihrem Leben wirken lassen, wird sich die Dynamik innerhalb Ihrer Familie von Grund auf ändern. Wenn aber das Bild, das Sie als Familie abgeben, nicht Ihrem inneren Ideal entspricht und Sie sich davon zu sehr beeinflussen lassen, kann es leicht passieren, dass Sie das Handtuch werfen. Konzentrieren Sie sich deshalb nicht so sehr auf Ihr inneres Bild, sondern achten Sie auf die größere Geschichte, die Gott mithilfe Ihres Beispiels illustrieren will.

Sobald Sie Gott in Ihre eigene nicht besonders ideale Geschichte einladen und ihn in Ihrem Leben wirken lassen, wird sich die Dynamik innerhalb Ihrer Familie von Grund auf ändern.

Statt das Bild perfekter Familien zu zeichnen, möchte Gott Familien als Leinwand für die Geschichte seines rettenden Handelns benutzen. Er will durch sie zeigen, wie ein authentischer Alltagsglaube an einen Gott aussehen kann, der innerlich verletzte Menschen heilt und aufrichtet.

Verschiedene Fehlfunktionen

Die Wahrheit ist: Jede Familie hat irgendwelche Bereiche, die nicht funktionieren. Schließlich besteht jede Familie aus fehlerhaften Menschen. Als Eltern sind wir schnell enttäuscht, besonders, wenn wir unsere Familie gerne in Ordnung bringen wollen. Aber nehmen wir einmal an, unsere Aufgabe bestünde gar nicht darin, unsere Familie in Ordnung zu bringen und nach einem retuschierten Foto aussehen zu lassen? Was, wenn unser eigentlicher Auftrag darin bestünde, die größere Geschichte zu veranschaulichen und die nächste Generation zu inspirieren, authentischer mit Gott zu leben?

Denn wenn Sie sich zu sehr auf Familie Standard konzentrieren, besteht schnell die Gefahr, dass ...

- ... Sie das Gefühl haben, ihr nie zu entsprechen (am Ende verlassen Sie womöglich sogar die Gemeinde),
- ... Sie Ihre Glaubwürdigkeit verlieren, weil andere schnell den Unterschied erkennen zwischen dem, wer Sie sind und wer Sie vorgeben zu sein (was dazu führen könnte, dass Ihre Freunde nie in Ihre Gemeinde mitkommen),
- ... Sie andere Eltern frustrieren, weil Sie einen Standard hochhalten, den sie ebenfalls nie erreichen können (was dazu führen könnte, dass diese Eltern resignieren und keinen Zugang zu dringend benötigter Hilfe finden).

Die Aufgabe, Kinder zu erziehen, ist allein schon beängstigend genug. Wie um alles in der Welt sollte es Familien dann helfen, den Standard so hoch zu hängen, wie es nicht einmal die Bibel tut? Unrealistische Vorstellungen lähmen uns und starre Forderungen führen dazu, dass Familien die Hoffnung aufgeben. Unserer Erfahrung nach vergrößert die Fixierung auf Idealvorstellungen nicht die elterlichen Fähigkeiten, sondern raubt ihnen im Gegenteil alle Energie. Das Denken in Idealvorstellungen ist zermürbend für Sie als Eltern und behindert die Zukunftshoffnung Ihrer Kinder. Sich aber auf die Geschichte zu konzentrieren, die Gott erzählen will, und den größeren Kontext zu sehen, stärkt den Glauben und vergrößert die Möglichkeiten.

Zwei Herangehensweisen

Wir glauben, es gibt zwei verschiedene Herangehensweisen, Familie zu leben.

Wenn wir von unseren Idealvorstellungen ausgehen, versuchen wir, jede Familie daran anzupassen.

Wenn wir aber von dem großen Ganzen ausgehen, lernen wir, jede Familie als Leinwand zu sehen, auf der Gott seine Geschichte von Rettung und Heilung weiter darstellen möchte.

Das erfordert eine andere Denkweise, verändert unser Selbstbild als Eltern und unsere Wahrnehmung von anderen Eltern und von Familien inner- und außerhalb der Gemeinde.

Ich (Reggie) habe mir eines späten Abends einen Satz aufgeschrieben, um mich an das zu erinnern, was wirklich zählt. Er hilft mir durchzuhalten, wenn ich gerade das Gefühl habe, kein toller Vater zu sein. Und er ruft mir ins Gedächtnis zurück, wie ich alle Eltern und Familien, die ich treffe, wahrnehmen sollte:

> Gott ist gerade dabei, durch deine Familie eine Geschichte von Rettung und Heilung zu erzählen. Egal wie es in deiner Familie aussieht oder wie begrenzt deine Fähigkeiten sind, du kannst Gott in deinem Herzen wirken lassen, damit deine Kinder Gottes Gnade und Güte aus allernächster Nähe erleben.

Was, wenn Sie wirklich anfangen würden zu glauben, dass Gott für alle Eltern eine größere Geschichte parat hat?

Wenn Sie verheiratet sind,
wenn Sie nie verheiratet waren,
wenn Sie wiederverheiratet sind,
wenn Sie geschieden sind.

Wenn Sie Kinder adoptiert haben,
wenn Sie ein Enkelkind bei sich aufgenommen haben.

Wenn Sie in einer traumhaften Umgebung wohnen,
wenn Sie in einer Zweizimmerwohnung leben,
wenn Sie gar keinen Ort zum Leben haben.

Wenn Sie unter der Finanzkrise leiden,
wenn Sie Ihre Gesundheit einbüßen mussten,
wenn Sie missbraucht wurden von jemandem, den Sie lieben.

Wenn Sie zur Kirche gehen,
wenn Sie nicht zur Kirche gehen.

Wenn Sie an Gott glauben,
wenn Sie nie an Gott geglaubt haben,
wenn Sie Ihren früheren Glauben aufgegeben haben,
wenn Sie keine Ahnung haben, was Sie glauben sollen.

Was, wenn Sie sich einfach entscheiden, Ihre Familie im Kontext einer größeren Geschichte zu sehen? Was, wenn Sie ungeachtet Ihrer Situation ein lebender Beweis dafür werden, dass Zerbrochenes wieder zusammengefügt werden kann? Was, wenn Sie Ihre Kinder einladen, Teil dieser größeren Geschichte zu sein, statt sie in ein oberflächliches Ideal zu pressen? Vielleicht entdecken Sie dadurch ganz neue Möglichkeiten, um in Ihren Kindern einen bleibenden Sinn für Hoffnung zu wecken. Sie werden ganz anders beeinflussen können, wie Ihre Kinder ihre Zukunft sehen. Sie können Ihren Kindern beibringen, ihren Glauben im Alltag zu leben, ihren Sinn im Leben zu erkennen und gesunde Beziehungen zu knüpfen. Wenn Sie Ihrem Kind die Möglichkeit geben, eine größere Perspektive von der Welt zu entwickeln, haben Sie etwas in der Hand, das über Ihre eigenen erzieherischen Fähigkeiten weit hinausgeht.

Gott sieht Familie im Kontext seiner viel umfassenderen Geschichte. Trotzdem können wir nur unser Bestes geben. Unsere Fähigkeiten bleiben beschränkt. Aber Gott kennt unsere Grenzen und er hat bereits einen Plan, wie wir unsere Kinder trotz unserer Schwächen, unserer aktuellen Situation und unseres Menschseins erziehen können. Dieser Plan ist nicht neu, aber wir brauchen einen neuen Blick, um zu erkennen, wie Gott im Laufe der Weltgeschichte Familien gebraucht hat, um eine ewige Geschichte bedingungsloser Liebe und Gnade zu erzählen.

Die Bibel vermittelt uns kein Idealbild von Familie, sondern in ihr lesen wir, dass jeder Vater, jede Mutter und jedes Kind auf unverwechselbare Art seinem Gegenüber Gottes Liebe zeigen kann. Eine Familie soll in all ihrer Unvollkommenheit Gottes Herz sichtbar machen – in jeder Generation neu.

Ich habe mich früher oft gefragt, warum in der Bibel so viele Ahnentafeln stehen. Sie vermitteln keine neuen Erkenntnisse und wirken für meinen Alltag nicht sonderlich relevant. Aber heute weiß ich, dass in diesen Ahnenreihen eine Familie nach der anderen und eine Generation nach der nächsten aufgelistet wird, um zu zeigen, dass jede Familie und jede Generation einen Bezug zu Gottes Geschichte hatte.

Eine Familie soll in all ihrer Unvollkommenheit Gottes Herz sichtbar machen – in jeder Generation neu.

Man kann sehen, wie sich Gottes Plan zur Rettung der Menschheit im Stammbaum von Adam bis Jesus, von 1. Mose bis zu den Evangelien entfaltet. Vielleicht sollen uns diese Verzeichnisse daran erinnern, dass Gott ganz bewusst Familien einsetzt, um die Vergangenheit mit der Zukunft zu verknüpfen, damit sie seine Liebe großzügig an jede Generation weitergeben. Familien waren und sind Gottes wichtigstes

Verbindungsglied. Er hat Familien – Mütter, Väter, Töchter und Söhne – benutzt, um seine Güte zu beweisen. Im Alten Testament wurden Gottes Versprechen und Gebote in den Familien weitergegeben: von einer Generation zur nächsten. Was Gott auf dem Herzen lag, wurde zuallererst durch die Herzen der Familien kommuniziert.

Im Lauf der Geschichte füllte man den Begriff Familie zwar immer wieder anders, aber er blieb zentral. Zum Wohl der Familien wurden Regierungen gebildet, Mauern gebaut und Kämpfe ausgefochten. Familien bilden den Kern unserer Zivilisation und beeinflussen entscheidend den Zustand der Menschheit. Seit Jahrhunderten kümmern sich Könige und Königinnen, Präsidenten und Senatoren, Pastoren und Priester um die Anliegen von Familie, weil jeder kluge Leiter weiß: Was in der Familie geschieht, hinterlässt Spuren in der Welt.

Einem Anführer im Alten Testament war diese Tatsache besonders bewusst. Er war dazu berufen, eine Nation zu regieren, die gewaltsam unterdrückt worden war. Das Volk hatte Hunderte von Jahren unter der Verfolgung gelitten. Seine Identität als Volk war auf die Probe gestellt, sein Wille gebrochen und sein Glaube bedroht worden. In einem legendären Rettungsversuch bewahrte dieser Anführer es vor einem möglichen Völkermord. Er half ihm, sich als besonderes Volk neu zu begreifen und stärkte seinen Glauben.

Dieser Heilungsprozess dauerte mehrere Jahrzehnte an. In dieser Zeit legte dieses Volk Hunderte von Kilometern zurück und hatte zahllose Herausforderungen zu bestehen. Es erlebte eine qualvolle Zeit, in der es darauf vorbereitet wurde, sein Erbe wieder in Besitz zu nehmen.

Nach Jahren des Wartens kam endlich der Tag, als dieses Volk sein Vaterland zurückerobern und seine Familien wieder in der Heimat ansiedeln konnte. Aber plötzlich verbreitete sich das

Gerücht, dass der Anführer zurücktreten wolle. Die Leute waren fassungslos: So weit waren sie nun schon gemeinsam gegangen, da konnte er doch die Reise nicht vorzeitig abbrechen! Er war ein Patriarch geworden, der Held ihrer Kinder. Er hatte ihr Schicksal als Nation gerettet und sie neu in die richtigen Bahnen gelenkt. Jetzt kam schließlich der entscheidende Moment, der Wendepunkt, vielversprechende Zeiten sollten anbrechen!

Zögerlich kamen sie zu seiner Abschiedsrede zusammen. Er begann, indem er ihre Wüstenwanderung Revue passieren ließ und erinnerte sie an den Bund, den sie mit Gott geschlossen hatten. Nichts davon war neu und eine Weile klang es, als würde er einfach wiederholen, was sie schon wussten.

Doch dann änderte er vorsichtig die Richtung seiner Botschaft. In seiner Stimme und seinen Worten lag eine neue und unerwartete Sorge über ihre Zukunft. Sie waren voller Begeisterung gewesen, endlich ihr lang ersehntes Ziel zu erreichen, aber jetzt schien er sich zu fragen, wie der Segen, den sie erfahren hatten, ihren Glauben beeinflussen würde. Genauer gesagt zielte er darauf ab, wie sie ihren Glauben an ihre Kinder und nachfolgenden Generationen weitergeben würden.

Zu viel stand auf dem Spiel, als dass dieses Thema auf der Strecke bleiben durfte. Es hatte lange genug gedauert, bis sie diesen Punkt erreicht hatten, und er wollte unbedingt sicherstellen, dass sie nicht die Fehler ihrer Eltern wiederholten. Und dann sagte er etwas, das so anders klang als alles, was er bisher gesagt hatte, und er forderte damit sämtliche Zuhörer heraus:

Hört, ihr Israeliten! Der Herr, unser Gott, ist der einzige Herr. Ihr sollt den Herrn, euren Gott, von ganzem Herzen, von ganzer Seele und mit eurer ganzen Kraft lieben. Bewahrt die Gebote, die ich euch heute gebe, in eurem Herzen. Schärft sie euren Kindern ein. Sprecht über sie, wenn ihr zu Hause oder unterwegs seid, wenn ihr euch hinlegt oder wenn ihr aufsteht. Bindet sie zur Erinnerung um eure Hand und tragt sie an eurer Stirn, schreibt sie auf die Pfosten eurer Haustüren und auf eure Tore.

Der Herr, euer Gott, wird euch schon bald in das Land bringen, das er euren Vätern Abraham, Isaak und Jakob mit einem Eid versprochen hat. Darin sind große, reiche Städte, die ihr nicht erbaut habt; Häuser voller Waren, die ihr nicht gekauft habt; Zisternen, die ihr nicht gegraben habt, und Weinberge und Olivenhaine, die ihr nicht gepflanzt habt. Wenn ihr euch also in dem Land satt essen könnt, dann vergesst den Herrn nicht, der euch aus der Sklaverei in Ägypten befreit hat.[1]

Die Rede, die Mose kurz vor seinem Tod und kurz bevor sie das verheißene Land eroberten vor den Israeliten hielt, ist im 5. Buch Mose überliefert. Mose übergibt seine Führungsaufgaben an Josua und hält seine Abschiedsrede über Themen, die für Israels Zukunft von Bedeutung sind. Als betagter, 120 Jahre alter Anführer, warnt Mose das hebräische Volk vor der Gefahr, sich den Reichtum Kanaans zu Kopf steigen zu lassen.

Er ermahnt sie darauf zu achten, Gott nicht zu vergessen, denn er weiß, wie leicht uns Wohlstand und Luxus ablenken können. Er gibt ihnen einen konkreten Plan, wie sie ihr Erbe bewahren und ihren Glauben an die nächste Generation weitergeben können. Moses Worte sind wohlüberlegt und strategisch und ein Vorbild für jeden, der Wirkung hinterlassen möchte.

In einem entscheidenden Moment in Israels Geschichte wendet sich dieser Anführer an das ganze Volk und ruft jeden dafür zur Verantwortung, wie die nächste Generation aufwächst. Keiner kann sich dieser Pflicht entziehen. In seinen Worten stecken wichtige Einsichten für alle Eltern, was ihren Einfluss auf die Gottesbeziehung ihrer Kinder betrifft.

In diesem Abschnitt aus 5. Mose, Kapitel 6 stecken Werte, die Familien helfen können, ihre Verantwortung wahrzunehmen, ihren Söhnen und Töchtern einen Alltagsglauben zu vermitteln. Das hebräische Volk hatte gerade voller Staunen, Erkenntnis und Leidenschaft eine Begegnung mit Gott erlebt. Und angesichts des angenehmen Lebens, das dem Volk Israel bevorstand, wollte Mose sichergehen, dass der Glaube der nächsten Generation genauso praktisch und dynamisch war wie der Glaube der gegenwärtigen Generation.

Wie gesagt: Mose hatte erkannt, dass Gott sowohl durch die Familie als auch durch die Gemeinschaft einer neuen Generation seine Geschichte erzählen wollte.

Mose hatte erkannt, dass Gott sowohl durch die Familie als auch durch die Gemeinschaft einer neuen Generation seine Geschichte erzählen wollte.

Man könnte es auch folgendermaßen formulieren: Gemeinden bestehen aus verletzten Menschen. Familien bestehen aus verletzten Menschen. Und beide existieren aus ein und demselben Grund, um einer verletzten Welt Gottes Botschaft von Rettung und Heilung zu verkünden.

Deshalb gab Gott Eltern und Leitern einen Rahmen, mit dem sie gemeinsam ihren Kindern helfen können, moralisch und geistlich zu wachsen. Wir glauben, dass dieses Gerüst und die Werte dahinter heute noch genauso wirkungsvoll sind wie vor 3.000 Jahren. In den kommenden fünf Kapiteln werden wir uns diese Werte genauer ansehen und fragen, wie sie heutzutage noch Eltern helfen können.

Alles klar? Statt auf ein Idealbild zu hoffen, sollten wir lieber gemeinsam mit anderen Eltern Gott eine viel umfassendere Geschichte schreiben lassen.

Das Syndrom der Bilderbuchfamilie

Fragen für das Gespräch

1. Beschreiben Sie Ihre persönliche Vorstellung von einer *perfekten Familie*. Woher stammt diese Vorstellung? Wie weit reicht Ihre eigene Familie an sie heran?

2. Setzen Sie sich selbst oder Ihre Familie unter Druck, diese Idealvorstellung zu erreichen?

3. Auf welche Weise beeinflusst diese Erwartung, wie sie *eigentlich* zu sein hätten, Ihre Erziehung?

4. Welche Aspekte Ihrer Familie entsprechen nicht Ihrer Idealvorstellung? Was empfindet Gott Ihrer Meinung nach, wenn er die Unvollkommenheit Ihrer Familie sieht?

5. Was sagt dieses Kapitel darüber, wie Gott *wirklich* über Ihre Familie denkt? Hängt Ihre Vorstellung von Gott damit zusammen, wie Sie über Ihre Familie denken und Ihr Familienleben gestalten?

6. Wie haben Sie Gott in den glücklichen Momenten Ihrer Familie erlebt? Wie in den schmerzvollen?

7. Angenommen, Sie würden Ihre Familie im Kontext von Gottes größerer Geschichte betrachten – wie würde sich Ihr Blick auf sie verändern?

Kapitel 3

Erster Familienwert: Den Kreis erweitern

Knüpfen Sie bewusst Beziehungen für Ihre Kinder

Wenn Sie rein physikalisch die Wirkung eines Hebels verstehen, wissen Sie bereits, wie es ist, etwas zu tun, das unsere natürlichen Fähigkeiten übersteigt. Mit einem Hebel können wir etwas bewegen oder anheben, für das andernfalls unsere Kraft nicht reichen würde. Das deutsche Wort *Hebel* hängt sprachlich mit *Heben* zusammen. Bei einem Hebel üben wir üblicherweise Druck auf der einen Seite aus und vergrößern damit die Kraft auf der anderen Seite. Man setzt seine Fähigkeiten ein, der Hebel verstärkt die Kraft und erzielt damit eine höhere Wirkung.

> *Stellen Sie sich einmal kurz vor, Sie hätten drei Hebel, mit denen Sie den Einfluss auf Ihre Kinder vergrößern könnten.*

Stellen Sie sich einmal kurz vor, Sie hätten drei Hebel, mit denen Sie den Einfluss auf Ihre Kinder vergrößern könnten. Nehmen wir an, jeder Hebel hätte eine andere Funktion, alle drei aber wären extrem wichtig für die Zukunft Ihres Sohnes oder Ihrer Tochter. Zusammengenommen stehen die Hebel für die Einflüsse, die bewirken, welchen Blick Ihre Kinder auf sich selbst und die Welt haben, wie sie Entscheidungen treffen und wie sie mit Menschen umgehen. Diese Hebel bestimmen, welche Richtungen Ihre Kinder einschlagen. Natürlich liegt es nicht in Ihrer Macht, alles unmittelbar zu beeinflussen, was Ihr Kind erlebt, aber Sie können Ihren Teil beitragen, indem Sie Ihre Seite des Hebels drücken.

Die drei Hebel

In den folgenden Kapiteln werden wir über die Hebel sprechen, mit denen Sie *die Beziehung zu Ihrem Kind stärken.* Manchmal spüren Sie, dass Ihre Kinder mehr Aufmerksamkeit brauchen. Dann setzen Sie diesen Hebel in Bewegung und verbringen mehr Zeit mit ihnen. Denn Sie haben es sich zur Priorität gemacht, körperlich und emotional anwesend zu sein und Ihre Kinder als Persönlichkeiten zu kennen und ernst zu nehmen. Wenn Sie regelmäßige Abläufe schaffen und wichtige Lektionen in Alltagssituationen vermitteln, nutzen Sie die Hebelwirkung von Beziehung. Sie stärken die persönliche Bindung und schaffen positive Erinnerungen. Wenn Sie diesen Hebel beherrschen, sorgen Sie damit für eine Vielzahl wertvoller Momente, die eine bleibende Freundschaft und eine gesunde Beziehung zwischen Ihnen und Ihren Kindern schaffen.

Der zweite Hebel ist auf gewisse Art noch wichtiger als der erste. Wenn Sie unbegrenzte Möglichkeiten zur Verfügung haben wollen, dann setzen Sie mit aller Kraft diesen Hebel in Bewegung: den Hebel, der *die Gottesbeziehung Ihres Kindes stärkt.* Sie haben von allen die größte Chance, diesen Hebel zu bedienen. Als Elternteil haben Sie Einblicke in Herz, Charakter und Glauben Ihres Kindes. Und Sie können am besten die bedingungslose Liebe des himmlischen Vaters vorleben. Wenn Sie diesen Hebel nutzen, beflügeln Sie die Beziehung Ihres Kindes zu einem Gott, der es unbegrenzt lieben kann. Sie werden feststellen, dass die Gottesbeziehung noch wichtiger ist als die Beziehung zu Ihnen. Denn diese ewige Beziehung verleiht Kindern die Fähigkeit, voller Hoffnung durch eine unsichere Zukunft zu steuern.

Und es gibt noch einen dritten Hebel. Er ähnelt den beiden anderen insofern, als dass er ebenfalls mit einer wichtigen Beziehung zu tun hat. Je älter Ihre Kinder werden, desto wichtiger wird dieser Hebel. Manche Experten sagen, dass sich in den Teenagerjahren mit diesem dritten Hebel am besten beeinflussen lässt, in welche Richtung sich Kinder entwickeln. Wenn Ihr direkter Einfluss in der späteren Kindheit abnimmt, wird dieser Hebel immer wichtiger. In diesem Kapitel geht es um den Hebel, der *Beziehungen zu Menschen außerhalb Ihrer Familie stärkt.*

Wie wichtig dieser dritte Hebel wird, wurde mir (Reggie) besonders deutlich, als mein Sohn Reggie Paul 16 wurde. Wir hatten immer eine gute Vater-Sohn-Beziehung, haben gemeinsam viel Schönes erlebt und uns sehr viel über den Glauben unterhalten. Er war gut in unserer Gemeinde integriert. Aber als er im zehnten Schuljahr war, wurde alles anders.

Er schloss sich einer bestimmten Clique an, wurde unabhängiger, und wir waren beide überrascht, wie sehr unsere Beziehung auf eine harte Probe gestellt wurde. Es war ein regelrechtes Tauziehen, das sich – wie könnte es anders sein – um ein Mädchen drehte, für das er sich interessierte.

Ich weiß noch, dass ich erwartete, unsere jahrelange Beziehung würde ihn stärker auf *mich* hören lassen, als auf ein Mädchen, das er *gerade erst* kennengelernt hatte. Aber ich lag völlig daneben. Ich konnte einfach nicht mithalten. Es kam eines Abends zum Knall, als er zu spät nach Hause kam und ich ihn in seinem Zimmer zur Rede stellte.

Ich sagte: „Du kommst zu spät von einer Verabredung nach Hause und ich muss wissen, was los ist."

Er antwortete: „Dad, ich habe keine Lust, darüber zu reden."

„Du hast keine Wahl“, erklärte ich. „Ich will genau wissen, was heute Abend passiert ist und ich möchte, dass du es mir jetzt erzählst.“

Er sah mich an, als wäre ich ein Fremdling und sagte: „Nein. Ich erzähle dir gar nichts.“

Dann tat ich etwas, das mir ganz natürlich erschien. Ich bewegte den ersten Hebel und sagte: „RP, ich bin’s. Du weißt, dass du mir am Herzen liegst. Ich muss wissen, was los ist, weil ich dein Vater bin.“

Dann sagte er etwas, das mich völlig unerwartet traf. Keiner der Jungs hatte es vorher zu mir gesagt. Es gehörte Mut dazu, und er war sehr ehrlich. Aber ich war bestürzt. „Nein, du verstehst die Situation nicht, Dad. Ich erzähle dir nichts, gerade *weil* du mein Vater bist. Du machst die Regeln.“

Mit dieser Antwort konnte ich nicht umgehen. Sie brachte mich völlig aus der Fassung. Und ich hatte keine Ahnung, wie ich reagieren sollte. An diesem Abend sagte ich zu meiner Frau Debbie: „Wenn er nicht mit mir reden kann, weil ich die Regeln mache, dann weiß ich nicht, ob ich sie noch machen will.“

Am nächsten Tag ging ich zu meinem Freund Andy Stanley ins Büro und sagte zu ihm: „Ich kapiere das nicht. Ich versuche alles, damit mir mein Sohn erzählt, was los ist, aber er erzählt mir einfach nichts.“

Andy dachte eine Sekunde lang nach und sagte dann mit einem Anflug von Sarkasmus in der Stimme: „Hast *du* deinem Vater denn alles erzählt?“

Ich stammelte: „Nein, aber was hat das damit zu tun?“

Am nächsten Tag sagte ich zu Reggie Paul: „Andy hat gesagt, du musst mir alles erzählen, weil sich das für einen guten Sohn gehört.“

Nein, das habe ich natürlich nicht gesagt. Ich sagte: „Ich habe mit Andy gesprochen, und er meinte, dass er seinem Vater früher auch nicht alles erzählt hat. Und darum müsse ich verstehen, dass auch du mir nicht alles erzählst, was los ist. Ich will versuchen, es dabei zu belassen. Aber ich muss dir dafür eine andere Frage stellen." Und in diesem Moment begriff ich die Kraft des dritten Hebels. Ich fragte meinen Sohn: „Wenn du mir nicht alles erzählst, mit wem sprichst du dann darüber?"

Seine Antwort lautete schlicht: „Das ist nur fair. Ich sag dir, mit wem ich rede: mit Kevin." Sobald er Kevins Namen genannt hatte, war ich zutiefst erleichtert. Kevin war schon seit vielen Jahren ein Freund der Familie. Ich wusste, dass er unsere Familie liebte, mich respektierte und unsere Werte teilte. Ich weiß noch, dass ich ein gutes Gefühl hatte, weil Kevin eine sichere Anlaufstelle war.

Wenn Sie fragen würden: „Mit wem sprichst du darüber?", könnten Ihre Kinder dann einen Namen nennen?

Mir wurde damals klar, welch großes Geschenk es war, dass es im Leben meines Sohnes einen anderen Erwachsenen gab. Ich musste keine Sorge haben, was Kevin Reggie Paul raten würde, denn es würde ungefähr dasselbe sein, was auch ich gesagt hätte.

Spulen wir das Gespräch noch einmal zurück an die Stelle, als ich meinen Sohn fragte: „Wenn du mir nicht alles erzählst, mit wem sprichst du dann darüber?" Was, wenn es damals keinen Kevin in seinem Leben gegeben hätte? Was, wenn er mir in diesem entscheidenden Moment nur mit einem Schulterzucken oder mit „weiß nicht" hätte antworten können?

Ich bin in der glücklichen Situation, den größten Teil meines Lebens zu einer Gemeinde zu gehören, in der es leicht ist, den dritten Hebel in Bewegung zu setzen, weil sich Männer und Frauen in das Leben der Kinder und Teenager investieren, die wissen, wie wichtig es ist, den Kreis der Bezugspersonen zu erweitern.

Wie sähe ein solches Gespräch mit Ihrem jugendlichen Sohn oder Ihrer Tochter aus? Wenn Sie fragen würden: „Mit wem sprichst du darüber?", könnten Ihre Kinder dann einen Namen nennen? Gäbe es in ihrem Leben einen Erwachsenen, dem sie vertrauen und mit dem sie schwierige Themen sicher besprechen könnten?

Egal in welcher Erziehungsphase Sie gerade stecken, ich kann Ihnen eins versprechen:

Es wird die Zeit kommen, in der Sie und Ihre Kinder einen weiteren Erwachsenen in Ihrem Leben brauchen.

Wir ermutigen Eltern, diesen Hebel, der den Kreis erweitert, so früh wie möglich zu betätigen. Wir schulen unsere Kindermitarbeiter, ihre Gruppen so zu organisieren, dass die Kinder schon im Vorschulalter Kleingruppenleiter haben. Warum? Weil wir wollen, dass Eltern erkennen, wie wertvoll andere vertrauenswürdige Menschen im Leben ihrer Kinder sind.

Allzu leicht geben wir unseren Kindern die falschen Signale, wenn sie eigentlich objektive Stimmen in ihrem Leben bräuchten. Je mehr ich über Reggie Pauls Worte an jenem Tag nachdachte, desto logischer erschienen sie mir.

Er hatte gute Gründe, als er sagte: „Nein, du verstehst die Situation nicht, Dad. Ich erzähle dir nichts, gerade *weil* du mein Vater bist. Du machst die Regeln."

Er hatte nicht einfach Angst davor, wie ich reagieren würde, wenn er mir alles erzählen würde. Die Ursache lag tiefer. Im Hirn dieses 16-Jährigen spielten andere Dinge eine Rolle. Er sagte mir indirekt: „Du stehst mir zu nah, ich liege dir zu sehr am Herzen, unsere Beziehung ist zu eng. Darum kann es bei diesem Thema leicht passieren, dass du emotional reagierst und nicht rational. Du kannst nicht so sachlich sein wie nötig, weil du mein Vater bist. In dieser Situation brauche ich jemanden, der objektiver sein kann."

Er brauchte mehr als ein *Elternteil*. Er brauchte jemanden, der sich um ihn sorgte, aber nicht für ihn verantwortlich war. Er brauchte jemanden, der ihm genau das sagte, was ich auch als Vater sagen würde, der aber nicht die Regeln aufstellte.

Er brauchte mehr als einen *Kameraden* in seinem Alter. Er brauchte jemanden, der solche Situationen schon erlebt hatte und zurückblicken und sehen konnte: „*Hier* liegen die Gefahren, und in *diese* Richtung solltest du gehen."

Manchmal ist es schwer für Eltern, die Lage zu akzeptieren und diesen Hebel zu bewegen. Ich habe dabei aber Wichtiges gelernt.

Erstens, *man darf so eine Reaktion nicht persönlich nehmen.*

Wir müssen akzeptieren, dass wir nicht immer diejenigen sein werden, an die sich unsere Kinder wenden. Im Gegenteil, wenn wir uns zu sehr darum bemühen, wenden sie sich von uns ab.

Zweitens, *man muss seinen Stolz überwinden.*

Alle Eltern macht dieser Gedanke ein bisschen nervös. Mir geht es da nicht anders. Die Vorstellung, dass unsere Söhne jemandem anvertrauen, was in ihren Köpfen vorgeht, ist das eine. Dass sie möglicherweise aber auch erzählen, wie es bei uns zu Hause so läuft, könnte peinlich werden. Geben Sie Ihren Kindern die Erlaubnis, sich bei einem vertrauensvollen Menschen auszusprechen – auch wenn das für Sie als Eltern etwas unangenehm werden könnte. Es ist immer noch besser, diese persönlichen Einblicke erhält jemand, dem Ihre Familie wichtig ist, als jemand anderer. Nehmen Sie die Bedürfnisse Ihrer Kinder wichtiger als die Sorge, wie Sie als Eltern dastehen könnten.

Die wichtigste Frage lautet: *Was tun Sie, um Beziehungen zu Menschen außerhalb Ihrer Familie zu stärken?* Das ist ein wirkungsvolles Prinzip, das wir als Eltern nicht vergessen dürfen.

Wenn Leute über 5. Mose 6 predigen, rauschen sie oft an einem wichtigen Detail am Anfang dieses Kapitels vorbei, nämlich der Aufforderung: „Hört, ihr Israeliten!" Ich nenne das den versteckten Kontext in diesem Abschnitt. Mose spricht zu *allen* Israeliten darüber, wie wichtig es ist, dass Familien ihren Glauben an die nächste Generation weitergeben. Er sprach zu allen Eltern *und* zu allen anderen. Weil es so viel um Familie und Kinder geht, könnte man annehmen, er spräche vor allem zu Eltern. Aber Mose stand vor *ganz* Israel. Es war eine Gemeinschaftskultur. Unter den Zuhörern waren nicht nur Eltern, sondern auch Tanten, Onkel, Großeltern und ein größerer Kreis von Erwachsenen.

Die hebräische Kultur, die in 5. Mose beschrieben wird, förderte die von uns präferierte Art von Beziehungen. Und sie wird auch von den Forschungen des Fuller-Youth-Institut unterstützt, die ergaben: „Im Alten Testament gehörten zu einer Familie Eltern, Kinder, Arbeiter und eventuell erwachsene Geschwister mit ihren eigenen Partnern und Kindern. Ein Haushalt konnte bis zu 80 Personen umfassen. In 5. Mose 6 und ähnlichen Texten geht es um die gemeinschaftliche Kindererziehung. Unsere eigene Kultur unterscheidet sich jedoch von solchen Abschnitten enorm und legt Eltern daher möglicherweise eine unzumutbar hohe Bürde auf."[1]

Eine Familieneinheit war damals nicht so klar definiert wie für uns heute. Aber ganz unabhängig davon – wichtig bleibt unterm Strich: Die verschiedenen Generationen in der Gesellschaft unterstützten die Eltern. Meiner Meinung nach sprach Mose wörtlich von „du und dein Sohn und deines Sohnes Sohn"[2], weil alle diese Generationen unter den Zuhörern waren.

Doch wie können wir das alte hebräische Prinzip einer Gemeinschaft, die aus einem erweiterten Kreis besteht, ganz neu entdecken? Wie können wir Eltern und Gemeinden zu erkennen helfen, welche wichtige Rolle sie darin spielen, die Herzen ihrer Kinder zu prägen?

Als Vater glaube ich, einer der größten Werte von Gemeinde liegt darin, meinen Kindern Gemeinschaft zu bieten. Ich möchte, dass Kinder und Jugendliche die Gemeinde als einen Ort erleben, wo sie einfach sein können und sich sicher fühlen, wo sie persönliche Gespräche mit vertrauten Erwachsenen führen und schwierige Fragen stellen können.

Den Kreis zu erweitern bedeutet, strategisch wichtige Beziehungen für Ihre Kinder zu knüpfen

In einer Kultur, in der Gemeinschaft nicht automatisch gegeben ist und Vorbilder nur begrenzt vorhanden sind, sollten Eltern sehr bewusst geistliche Leiter und Mentoren für ihre Kinder suchen. Jeder Sohn, jede Tochter braucht weitere Erwachsene in seinem oder ihrem Leben, die dasselbe sagen, was auch die Eltern sagen würden. Das Klügste, was Mütter und Väter tun können, ist, in einer Gemeinde mitzuarbeiten, in der sie die richtigen Erwachsenen für diese Aufgabe finden.

Folgender Auszug aus einer Studie könnte für den einen oder anderen interessant sein:

> *Teenager, in deren Leben sich mindestens ein Erwachsener aus der Gemeinde signifikant investiert hat (...) sind häufiger in der Gemeinde geblieben als andere. Von denjenigen, die in der Gemeinde geblieben sind, sagten 46 Prozent, dass fünf oder mehr Leute aus der Gemeinde auf persönlicher oder geistlicher Ebene Zeit mit ihnen verbracht hätten – gegenüber 28 Prozent der Teenager, die nicht in der Gemeinde geblieben sind.*[3]

Im Laufe der Jahre konnte ich viele Teenager beobachten. Mit Eintritt in die Mittelstufe in der Schule beginnt ihre Ablösung von zu Hause. Sie machen nichts falsch, sie sind ganz einfach so gestrickt. Sie werden unabhängig und fangen an, sich durch die Augen von Menschen außerhalb ihrer direkten Herkunftsfamilie neu zu definieren.

Je älter sie werden, desto wichtiger werden in ihrem Leben Stimmen, die ihnen auf andere Art die gleichen Dinge vermitteln, die ihre Eltern ihnen vermitteln würden. Teenager brauchen weitere Stimmen, die in ihre Welt hineinsprechen.

Eltern, die dieses Prinzip nicht verstehen, haben ihre eigene Teenzeit vergessen. Ich kann schon nicht mehr zählen, wie oft meine Kinder einen Lehrer, unseren Jugendpastor oder einen Trainer zitiert haben. Sie taten so, als hätten sie die Aussagen zum ersten Mal gehört. Ich hätte dann am liebsten jedes Mal geschrieen: „Genau das erzähle ich dir seit 16 Jahren!“ Doch sie hören es von diesen Menschen mit anderen Ohren, weil sie sich in einer anderen Phase befinden und eine andere Stimme es sagt.

Wer den Kreis erweitert, führt sein Kind aus einer „Ich“-Haltung in eine „Wir“-Haltung

Wenn Sie den Kreis erweitern, akzeptieren Sie nicht nur, dass Ihre Kinder andere Erwachsene in ihrem Leben brauchen, sondern auch, dass sie Teil von etwas sein wollen, das viel größer ist als Ihre Familie. Eine erweiterte Gemeinschaft bietet ihnen nicht nur einen Platz, an den sie gehören, sondern kann zudem in der größeren Geschichte, über die wir im letzten Kapitel gesprochen haben, eine wichtige Rolle spielen.

Der amerikanische Autor und Marketingexperte Seth Godin formulierte folgende Beobachtung: „Wir Menschen können nicht anders: Wir müssen dazugehören. Einer unserer stärksten Überlebensmechanismen ist unser Zugehörigkeitsbedürfnis:

Wir wollen Teil eines Stammes sein und zu einer Gruppe Gleichgesinnter etwas beitragen (und etwas von ihr mitnehmen)."[4]

Darin steckt eine bedeutsame Erkenntnis: Eine gute Gemeinschaft ist nicht nur wichtig, weil sie Kindern etwas zu geben hat, sondern auch, weil sie etwas von ihnen verlangt. Kinder brauchen nicht nur eine Familie, in der sie bedingungslose Liebe und Annahme erfahren. Sie brauchen auch einen Stamm, wie Seth Godin ihn nennt, der ihnen Zugehörigkeit und Sinn vermittelt. Nach neutestamentlichem Verständnis ist Gemeinde nicht bloß ein Ort, den Ihre Kinder aufsuchen sollen. Gemeinde sollte vielmehr eine dynamische Gemeinschaft sein, in der Ihre Kinder lernen, Gottes Liebe in eine zerbrochene Welt zu tragen. Wenn Eltern und Mitarbeiter hinsichtlich dieses gemeinsamen Ziels zusammenarbeiten, kann sich der statische Glaube eines Kindes in einen tatkräftigen verwandeln.

Eine gute Gemeinschaft ist nicht nur wichtig, weil sie Kindern etwas zu geben hat, sondern auch, weil sie etwas von ihnen verlangt.

In ihrem Buch *Inside Out Families* veröffentlichte Diana Garland ihre Studie zu der Frage, was das geistliche Leben Jugendlicher am stärksten beeinflusst. Nach ausgiebigen Umfragen und Forschungsarbeiten kam sie zu dem Schluss: „Soziale Einsätze haben weitaus stärkeren Einfluss auf die Entwicklung des Glaubens von Teenagern als Gottesdienstbesuche. Soziales Engagement scheint für die Entfaltung des Glaubens wirkungsvoller zu sein als theoretische Gruppenstunden oder Gottesdienste."[5]

Und noch eine Erkenntnis beschreibt sie in ihrem Buch: Wenn Jugendliche sich zusammen mit Erwachsenen engagieren, stärkt das ihren Glauben und ihr Verständnis von Gemeinde.

Kürzlich stellten wir einer Gruppe langjähriger Leiter folgende Frage zum Thema geistliches Wachstum: „Wenn Sie sechs

Neuntklässler vier Jahre lang begleiten könnten, was würden Sie tun, damit sie geistlich wachsen?"

Alle zählten verschiedene soziale und missionarische Einsätze auf. Manche sagten, wie viel Zeit sie persönlich in die Beziehung investieren würden. Andere nannten Bücher, die sie gemeinsam lesen wollten. Gegen Ende des Gesprächs realisierten wir, dass keiner Referate in Klassenzimmeratmosphäre vorgeschlagen hatte. Obwohl jeder aus dieser Gruppe Gemeinden mit vielen Veranstaltungen leitete, schlug kein einziger von ihnen vor, die Jugendlichen bloß in einen Raum zu stecken oder sie nur zu den Gottesdiensten zu verdonnern. Instinktiv ahnen viele Leiter, dass für geistliche Reife vor allem Beziehungen und Erlebnisse nötig sind. Was, wenn das tatsächlich in der Jugendarbeit umgesetzt würde? Was, wenn Gemeinden jungen Leuten genau das anbieten würden?

Genau genommen ähnelt das sehr der Art und Weise, wie Jesus vor 2000 Jahren mit seinen zwölf Jüngern lebte. Jesus brachte ihnen nicht bloß theoretisch bei, wie man geistlich dient. Sondern er diente ganz praktisch mit ihnen zusammen und lehrte sie dabei.

Wenn Sie sich mit anderen Menschen zusammentun, die in Ihren Kindern das Bewusstsein für Mission wecken wollen, kann das große Auswirkungen haben. Denn Ihre Kinder entwickeln dadurch eine andere Sicht von ihrem Platz in der Welt und eine andere Art von Leidenschaft, als sie das allein in ihrer Familie könnten. Das bedeutet nicht, dass Sie sich als Familie nicht gemeinsam mit Ihren Kindern engagieren können. Ihre Kinder sollen erleben, was Gott durch Ihre Familie tun kann – und durch die Beziehungen, die Sie als verstärkende Hebel einsetzen, sollen sie merken, was sie selbst bewirken können.

Ich (Carey) habe immer schon geahnt, dass ein Übergangsritus, ein Ritual beim Eintritt ins Mannsein, eine gute Sache wäre. Aber ich hatte keine Vorstellung, wie so etwas aussehen könnte. Ich sprach mit meinem Sohn Jordan darüber und als er 13 wurde, entwarfen wir für ihn ein „Mentorenjahr“, wie wir es nennen. Zu Beginn dieses Jahres setzten wir uns gemeinsam hin und schrieben die Namen von Männern aus unserem Bekanntenkreis auf, die wir beide schätzten. Ich kontaktierte alle fünf und erklärte ihnen, was wir vorhatten.

Der Plan war einfach: Ich bat jeden dieser Mentoren, im Lauf des Sommers einen Tag mit Jordan zu verbringen. Sie konnten selbst entscheiden, was sie gemeinsam unternehmen wollten, ich bat sie nur, an diesem Tag eine geistliche Wahrheit (ein Glaubensprinzip) und einen praktischen Ratschlag (eine Lebenslektion) zu vermitteln. Wir legten außerdem gemeinsam einen Termin am Ende des Sommers fest, an dem alle zu uns zum Essen kommen sollten.

Die Mentoren planten unterschiedliche Aktionen. Einige fuhren mit Jordan zelten und einer nahm ihn mit zur Arbeit: Mein Freund Chuck ist Polizeiseelsorger und ließ ihn mit ihm Polizeiwagen fahren. Es gibt Gerüchte, dass er ihn auch in eine Gefängniszelle sperrte. Mein Vater, der 1959 als Jugendlicher nach Kanada einwanderte, fuhr mit ihm nach Ontario und zeigte ihm all die Orte, an denen er als junger Mann gearbeitet und in diesem neuen Land sein Glück gesucht hatte.

Als der Sommer zu Ende ging, trafen wir uns alle bei uns zu Hause. Es war ein großes Fest. Wir grillten Steaks, tranken Cola, aßen Eis zum Nachtisch und ließen kein einziges Salatblatt auch nur in unsere Nähe – ein echtes Männeressen eben.

Jordan hatte während dieses Sommers Tagebuch geführt und erzählte nach dem Essen jedem der Männer, was ihn an ihrem gemeinsamen Tag besonders beeindruckt hatte. Er schenkte jedem eine Bibel mit persönlicher Namensprägung. Jeder Mentor erzählte anschließend ein paar Minuten lang, was ihm an Jordan aufgefallen war und welche Begabungen er in ihm sah.

Dann stellten wir uns um Jordan herum und legten ihm die Hände auf. Ich las 5. Mose 6,4–8 und sprach ein paar Worte in das Leben meines Sohnes hinein. Dann beteten wir zusammen. Jeder Mann kam an die Reihe, und Jordan betete ebenfalls. Diesen Moment bedeutungsvoll zu nennen, wäre eine starke Untertreibung.

Am Ende des Abends hatten alle feuchte Augen. Die Männer sagten, dass sie sich wünschten, jemand hätte so etwas für sie organisiert, als sie 13 waren. Und ich bin heute, fünf Jahre später, immer noch überwältigt von der Kraft, die in dieser Erfahrung steckt.

Vor ein paar Monaten erst haben wir den Abschluss der Mentorenzeit meines jüngeren Sohnes gefeiert. Er hat im Sommer großartige Zeiten mit seinen Mentoren erlebt, aber mich hat vor allem überrascht, wie tief die Männer am Abschlussabend selbst von dieser Erfahrung beeindruckt waren. Die gemeinsame Zeit war für sie so bedeutsam, dass John (ein ehemaliger Profi-Footballspieler) sagte, er würde gern in Zukunft jedes Jahr mit den anderen (und mit Sam) zusammenkommen, wenn das für Sam okay sei. Die Planungen für nächstes Jahr laufen schon.

Ein erweiterter Kreis kann auf unterschiedlichen Ebenen unglaublich positive Auswirkungen haben, mehr, als wir vielleicht denken. Für meinen Pastorendienst wurde mir klar, dass andere Erwachsene zu wichtigen Bezugspersonen für Kinder werden können und sollen. Zu sehen, welchen Einfluss einige dieser Mentoren auf meine Söhne hatten, trug dazu bei, dass wir eine Gemeindekultur entwickeln, die jede Woche Kinder und Jugendliche mit Mentoren zusammenbringt.

Ungefähr ein Jahr nach Jordans Mentorenjahr erzählte ich während einer Predigt davon. Die Leute waren bewegt, und manche beschlossen, für ihre Kinder etwas Ähnliches auf die Beine zu stellen.

Während die Leute anschließend aus dem Saal strömten, kam Laura, eine alleinerziehende Mutter, auf mich zu. Ich werde nie vergessen, was sie sagte: „Carey, ich freue mich riesig, dass du für Jordan so etwas planen konntest, und es war bestimmt eine tolle Erfahrung. Aber du bist Pastor und du bist ein Mann. Ihr habt viele Leute in eurem persönlichen Umfeld. Es gibt Männer in eurem Bekanntenkreis und Menschen, die für euch da sind. Ich bin alleinerziehend. Ich habe all diese Beziehungen nicht. Wer könnte für meinen Sohn Aaron da sein?"

Das brachte mir noch einmal ins Bewusstsein, wie entscheidend es ist, dass Gemeinde und Eltern zusammen an einem Strang ziehen. Es ist wichtig, eine Gemeinschaft glaubender Menschen um sich zu haben, denn viele ermutigen ihre Mitglieder, Kinder aus ganz unterschiedlichen Familien zu begleiten und zu fördern.

Heather Zempel hat die Auswirkungen einer solchen Umgebung selbst erlebt. Als Pastorin für Jüngerschaft leitet sie Gruppen und Veranstaltungen zum Thema geistliches Wachstum in der *National Community Church* in *Washington, D.C.* Sie beschreibt in diesem Zusammenhang den Unterschied zwischen einem Reisebüroleiter und einem Reiseleiter: Ein Reisebüroleiter sitzt hinter einem Schreibtisch, bucht Flüge, Hotels und Mietwagen und gibt Tipps. Ein Reiseleiter wandert mit den Reisenden, beantwortet ihre Fragen und unterhält sich unterwegs mit ihnen. Wenn wir den Kreis erweitern und mehr Reiseleiter und weniger Reisebüroleiter in das Leben unserer Kinder und Teens integrieren, werden wir lebenslange Auswirkungen davon spüren.[6]

Die nächsten Schritte

Suchen Sie sich eine Gemeinde, in der Gemeinschaft ein hoher Wert ist

Betrachten Sie die Sache einmal aus Ihrem Blickwinkel als Eltern. In Ihrer eigenen Geschichte gab es wahrscheinlich ein paar Leute, die Ihren Glauben oder Charakter besonders geprägt haben, oder? Wenn Sie heute noch einmal darauf Einfluss nehmen könnten, würden Sie vermutlich mehr Beziehungen zu solchen Menschen knüpfen und auf andere verzichten. Leute prägen uns. Die meisten können sich noch gut an Menschen erinnern, die zur richtigen Zeit in ihrem Leben auftauchten und Ihnen Wichtiges mit auf den Weg gaben.

Was, wenn Sie eine Gemeinde oder Kirche finden würden, in der Ihre Tochter oder Ihr Sohn Teil einer Gemeinschaft werden würde? Einer Gemeinschaft aus authentischen Beziehungen – nicht nur zwischen Gleichaltrigen, sondern auch zu erwachsenen Mitarbeitern. In der Vertrauen entsteht und gesunde Freundschaften wachsen. Ihre Kinder brauchen jemanden, der an sie glaubt. Sie brauchen einen Ort außerhalb Ihrer Familie, an dem sie sich zu Hause fühlen. Ihr Ziel sollte es sein, bewusst Beziehungen zu Menschen aufzubauen, damit es andere erwachsene Stimmen im Leben Ihrer Kinder gibt. Menschen, die Ihrer Tochter oder Ihrem Sohn genau das sagen, was Sie als Eltern auch versuchen würden, ihnen mit auf den Weg zu geben.

> *Ihr Ziel sollte es sein, bewusst Beziehungen zu Menschen aufzubauen, damit es andere erwachsene Stimmen im Leben Ihrer Kinder gibt.*

Michael Ungar forscht auf dem Gebiet der Sozialarbeit und benutzt in seinem Buch *The We Generation: Raising Socially Responsible Kids* eine starke Metapher. Wenn die Eltern nicht erreichbar sind, „können unsere Kinder eine Art Pannendienst anrufen, wenn ihre emotionalen Batterien aufgeladen werden müssen". In solchen Zeiten können „andere Erwachsene die Rollen von Spiegeln und Begleitern einnehmen. Spiegel reflektieren den Kindern, wie wichtig sie sind. Begleiter zeigen ihnen, wie sie das Beste entfalten können, das in ihnen steckt."[7]

Immer mehr Gemeinden setzen alles daran, die Gemeinschaft zu stärken. Selbst wenn die Jugendarbeit aus größeren Veranstaltungen und anderen Events besteht, bemühen sich viele, den Kindern und Jugendlichen über einen längeren Zeitraum vertrauenswürdige Erwachsene an die Seite zu stellen. Wenn man die Gemeinschaft fördern will, ist es hilfreich, Kleingruppen zu starten, deren Leiter auch die Eltern der Kids kennenlernen.

Kleingruppen sind genau das, was ihr Name ausdrückt: das Treffen einer kleinen Gruppe von zwölf oder weniger Leuten. Ein Kleingruppenleiter legt typischerweise keinen sehr hohen Wert auf Lehre, sondern auf die Beziehungen zu den Kindern und Jugendlichen. Wenn Teens in die Mittel- und irgendwann in die Oberstufe kommen, profitieren sie davon, wenn ihr Leiter mehrere Jahre lang derselbe bleibt. Hilfreich ist ein System, in dem Ihr Sohn oder Ihre Tochter durchgängig die gleichen Leiter behält und eine vertrauensvolle Beziehung zu ihnen aufbauen kann.

Schaffen Sie zusammen mit anderen Menschen Einsatzmöglichkeiten für Ihre Kinder

Wussten Sie, dass es Wichtigeres gibt, als dass Ihre Kinder sonntagmorgens zum Gottesdienst gehen? Wenn Sie mit ihnen Möglichkeiten finden, um anderen zu dienen, helfen Sie Ihren Kindern tatsächlich Gemeinde zu *sein,* statt nur zur Gemeinde zu gehen.

Allzu leicht wiegen wir uns in Sicherheit, dass der Glaube unserer Kinder schon wachsen wird, wenn sie nur an bestimmten Veranstaltungen teilnehmen. Als wir beide jeweils unsere Gemeinden gründeten, haben wir unsere Jugendarbeit so strukturiert, dass High-School-Schüler (ab der neunten Klasse) sich sonntagmorgens in der Gemeinde engagierten und sich dann nachmittags in ihrer eigenen Kleingruppe trafen. Die Jugendlichen konnten aus verschiedenen Möglichkeiten wählen, morgens in der Gemeinde aktiv zu sein: angefangen bei der Mitarbeit im Kindergottesdienst über den Einsatz in einem der Technikteams bis hin zur Begrüßung der Besucher am Eingang.

Unterschätzen Sie nie, was ein Einsatz in Ihrer Gemeinde, in Ihrer Stadt oder irgendwo auf der Welt im Herzen Ihrer Kinder bewirken kann.

Manche Eltern waren besorgt, als wir die bis dahin üblichen Sonntagsschulgruppen für die Jugendlichen einstellten und sie dafür nachmittags zusammenholten. Sie waren wie die meisten Eltern in den USA darauf gepolt, dass die geistliche Entwicklung ihrer Kinder nur in einer solchen Sonntagschulgruppe am Sonntagmorgen stattfinden konnte. Kein Wunder, dass derart viele junge Menschen mit ihrem High-School-Abschluss auch die Gemeinden verlassen. Sie hatten nie die Chance, Gemeinde zu sein, als sie in der Gemeinde aufwuchsen. Wenn Eltern und Mitarbeiter an einem Strang ziehen, um Jugendliche zur Mitarbeit zu ermutigen, dann stärken sie dadurch ihren Glauben.

Ich (Reggie) habe Ihnen schon erzählt, dass mein Freund Kevin das Leben meines Sohnes als Kleingruppenleiter entscheidend beeinflusst hat. Kevin seinerseits berichtete mir, auf welche Weise sich sein eigener Sohn Brock engagiert. Er ist in der elften Klasse und leitet sonntagmorgens eine Kleingruppe von Drittklässlern. Wie viel Einfluss hat wohl ein Elftklässler auf Achtjährige? Sagen wir es so: Er ist der Oberstufenheld. Kevin sah kürzlich, dass die Drittklässler dabei waren, als Brock mit seiner Schulmannschaft Basketball spielte. Sie waren Brocks größte Fans, und das nicht wegen eines Drei-Punkte-Treffers, den er landete, sondern weil er das Leben dieser Jungs prägte. Wenn Sie Brocks Eltern wären, was wäre Ihnen wohl wichtiger: dass er sonntagmorgens irgendwo in einem Raum in der Gemeinde sitzt und etwas lernt, oder dass er etwas erlebt, das seinen Glauben und seine Persönlichkeit prägt?

Unterschätzen Sie nie, was ein Einsatz in Ihrer Gemeinde, in Ihrer Stadt oder irgendwo auf der Welt im Herzen Ihrer Kinder bewirken kann. Wir kennen viele Eltern und Leiter, denen am Herzen liegt, dass ihre Jugendlichen vor dem Schulabschluss an mindestens einem Missionseinsatz im Ausland teilnehmen. Ihnen ist klar, wie sehr so ein persönliches Erlebnis das eigene Selbstwertgefühl prägt. Es reicht nicht, Kindern nur zu sagen, wie wichtig sie sind. Die meisten werden es nie richtig begreifen, bevor wir ihnen nicht eine wichtige Aufgabe anvertrauen.

Suchen Sie in Ihrer Gemeinschaft nach Mentoren

Vielleicht gibt es in Ihrer Nähe keine Gemeinde mit einer solchen Jugendarbeit, wie wir sie beschrieben haben. Wer aus Ihrem Umfeld könnte aber Teil eines erweiterten Kreises sein? Vielleicht haben Sie einen Freund oder Nachbarn, Großeltern oder Kollegen, die Ihr Kind auf geistlicher und moralischer Ebene positiv beeinflussen könnten. Warum bitten Sie nicht einfach diese Person, eine Begleiterrolle für Ihr Kind zu übernehmen?

Was immer auch dafür nötig ist: Als Eltern müssen wir bewusst anfangen, den Kreis zu erweitern. Wenn wir Erziehung auch jenseits unserer Begrenzungen ausüben wollen, müssen wir auf die Glaubensgemeinschaft um uns herum zurückgreifen. Vergessen Sie nicht die Farbe Orange: Sie erinnert daran, dass

Ihre pädagogischen Fähigkeiten nicht ausreichen. Sie müssen andere miteinbeziehen. Das ist ein entscheidender Wert, den man als Mutter oder Vater verinnerlichen muss. Wenn die Kinder noch klein sind, mag er einem nicht besonders wichtig erscheinen. Aber das Prinzip von Gemeinschaft früh in ihrem Leben anzulegen, kann später viel unnötigen Ärger ersparen.

> *Wenn Sie den Kreis erweitern wollen, sollten Sie versuchen, vertrauenswürdige Erwachsene in das Leben Ihrer Kinder zu bringen, bevor sie nötig sind, damit sie da sind, wenn sie nötig werden.*

Wenn Sie den Kreis erweitern wollen, sollten Sie versuchen, vertrauenswürdige Erwachsene in das Leben Ihrer Kinder zu bringen, bevor sie nötig sind, damit sie da sind, wenn sie nötig werden. Mose gab diese Werte an die gesamte Gemeinschaft weiter, weil er wusste, dass es viele verschiedene Stimmen braucht, um den Glauben einer Generation zu prägen.

Gott wollte nie, dass wir unser Leben in Einsamkeit führen. Und was für den Einzelnen gilt, trifft auch auf Familien zu. Wir sind dazu berufen, in einem viel größeren Umfeld und in einer Gemeinschaft zu leben, die Gott geplant hat und die uns hilft, über unsere persönlichen Begrenzungen hinaus erziehen zu können.

Den Kreis erweitern

Fragen für das Gespräch

Schlüsselfrage: *Wie erweitere ich den Kreis positiver Einflüsse auf mein Kind?*

1. Gab es in Ihrer Kindheit einen Erwachsenen (außer Ihren Eltern), der Ihnen weiterhalf und sich für Sie eingesetzt hat? Welche Auswirkungen hatte diese Beziehung auf Ihr Leben?
2. Viele hatten niemanden, der sich mit ihnen besonders beschäftigt hat, als sie Kinder waren. Wie wäre Ihre Jugend anders verlaufen, wenn jemand sich für Sie Zeit genommen hätte? Welche Prinzipien oder Werte hätten Sie als Teenager gern von jemandem gelernt?
3. Wie viele vertrauenswürdige Menschen geben Ihrem Kind oder Jugendlichen etwas mit auf den Weg? Was würden Sie dabei befürchten oder sich davon erhoffen, wenn andere Ihrem Kind zur Seite ständen?
4. Warum fühlt es sich oft so an, als ständen Sie in der Erziehung allein auf weiter Flur? Welche nächsten Schritte könnten Sie unternehmen oder wo könnten Sie anfangen zu suchen, um das Umfeld Ihrer Familie zu erweitern? Was könnten Sie und Ihre Kinder tun, um eine tiefere Form von Gemeinschaft zu erleben?
5. Wie wird eine gute Gemeinschaft zu einem gesunden Nährboden, auf dem die Einzelnen wachsen können? Genauer gefragt: Wodurch würden Ihre Kinder von einer Gemeinschaft profitieren?

Wenn Sie in einer Gemeinde aktiv sind, sprechen Sie mit Ihrem Kind über seine Kleingruppe. Wer sind ihre Freunde? Wie heißt ihr Kleingruppenleiter? Worüber haben sie zuletzt geredet, was haben sie gelernt? Lernen Sie den Kleingruppenleiter Ihrer Tochter oder Ihres Sohnes kennen. Überlegen Sie mit Ihrem Kind, wie Sie den Leiter noch besser kennenlernen können. Sie könnten zum Beispiel gemeinsam Eis essen gehen oder ihn zum Mittagessen einladen.

Lesen Sie die folgenden Bibelverse:

> *Mose rief das ganze Volk zusammen und sagte: „Hört mir zu, ihr Israeliten! Ich gebe euch jetzt die Gebote und Weisungen des Herrn. Prägt sie euch ein, und lebt nach ihnen!“* 5. Mose 5,1

> *„Hört, ihr Israeliten! Der Herr ist unser Gott, der Herr allein.“* 5. Mose 6,4

> *„Ihr sollt ihn von ganzem Herzen lieben, mit ganzer Hingabe, mit all eurer Kraft. Bewahrt die Worte im Herzen, die ich euch heute sage! Prägt sie euren Kindern ein!“* 5. Mose 6,5–7

Führen Sie sich noch einmal vor Augen, wann Mose diese Rede hielt. Stellen Sie sich vor, gemeinsam mit den Israeliten dort zu stehen und diese Worte als Eltern zu hören: Wären das gute Neuigkeiten oder würden Sie sich überfordert fühlen? Warum?

Für Sie zum Nachdenken: Angenommen, Sie hätten keine Kinder und würden diese Rede mitverfolgen. Wenn Sie ein Mentor oder Begleiter für ein Kind aus einer anderen Familie wären, wie könnten Sie Ihre Beziehung zu ihm vertiefen? Wie würden Sie mit ihm über Ihren Glauben reden? Wie könnten Sie eine tiefe Freundschaft zu den Eltern aufbauen?

Kapitel 4

Zweiter Familienwert: Vom Ende her denken

Konzentrieren Sie sich auf das, was wirklich zählt

Ich (Reggie) erinnere mich an eine Dokumentation mit dem Titel *Die reichsten Kids der Welt*, die vor einigen Jahren im Fernsehen lief. Mein Zweitklässler war ganz aufgeregt, als der Reporter die üppige Geburtstagsparty beschrieb, die ein wohlhabender Scheich für seinen Sprössling ausrichtete. Der Scheich ließ seine ganze Familie nach London fliegen, wo sie von den Schauspielern der Filme *Teenage Mutant Ninja Turtles* unterhalten wurden. Für die Party ließ der Scheich mehr als eine Million Dollar springen. Ich stellte mir den extravaganten Lebensstil von Milliardärskindern vor und spielte in Gedanken durch, was ich wohl mit so viel Geld anfangen würde.

Ich landete unsanft wieder in der Realität, als mir klar wurde, dass ich meinen Kindern nie einen solchen Reichtum würde bieten können. Ich schäme mich zugeben zu müssen, dass ich einige Momente lang tatsächlich leichten Groll verspürte und Eltern beneidete, die mehr verdienen als ich. Dann wurde mir klar: *Die meisten Eltern können ihren Kindern kein großes Erbe hinterlassen, aber jeder Elternteil hinterlässt ein persönliches Vermächtnis.* Der ganze Überfluss um uns herum lenkt viele Familien von dem ab, was wirklich zählt. Wir sind so damit beschäftigt, ein Erbe für unsere Kinder anzuhäufen, dass wir vergessen, wie wichtig es ist, ein Vermächtnis zu hinterlassen. Manchmal muss ich mich selbst daran erinnern, dass alles, was ich *an* meine Kinder weitergeben oder *für* meine Kinder tun kann, nicht so wichtig ist wie das, was ich *in* ihnen hinterlasse. Bemerkenswert, wie sehr Dinge uns davon ablenken, was wirklich wertvoll ist, oder?

Allzu oft glauben Eltern, ihre wichtigste Aufgabe bestünde darin, ihre Kinder glücklich zu machen. Auch ich würde in manchen Momenten alles kaufen, alles tun und überall hingehen, nur um meine Kinder *glücklich* zu sehen.

Eltern schätzen es nicht besonders, wenn ihre Kinder schlechte Laune haben. Und es ist auch schlichtweg einfacher, wenn alle um uns herum glücklich sind. Sind die Kinder glücklich, sind auch die Eltern glücklich. Also sehen sie sich im Fernsehen Serien über einen gelben Schwamm an, essen Chicken McNuggets, kaufen Schildkröten als Haustiere, hören Rolf Zuckowski und zahlen ein Haus ab, wenn nur alle glücklich sind. Eltern wollen ihre Kinder nicht verwöhnen – sie wollen nur, dass sie glücklich sind.

Eine ganze Marketingmaschinerie baut auf diesem Prinzip auf. Die Werbefachleute wissen, dass wir unsere Kinder überall anmelden würden, wenn sie dadurch bei ihren Freunden beliebt wären, hilfreiche Erfahrungen sammeln würden und sich ihre Allgemeinbildung verbesserte. Wir engagieren Nachhilfelehrer, Trainer und Experten, damit sie besser tanzen, schöner singen, weiter springen, schneller werfen, genauer zielen und besser abschneiden als andere Kinder.

An irgendeiner Stelle überschreiten Eltern dabei eine unsichtbare Linie. Es ist schwer zu sagen, wo sie liegt, weil sie nicht immer offensichtlich wird, aber ich weiß, dass ich sie selbst schon überschritten habe. In meinem Wunsch, sie glücklich zu sehen, habe ich das gefährdet, was sie lebendig macht.

Wann immer wir das Glück unserer Kinder zu unserem höchsten Ziel erklären, geben wir uns zu früh zufrieden. Denn ihr Glück ist viel unbedeutender als das, was Gott für sie auf dem Plan hat und wofür er sie geschaffen hat.

Mose formulierte einmal eine Vision, wie ein gelungenes Leben aussieht. Er sagte den einen Satz, der den Bezugsrahmen für alles andere bildet:

Hört, ihr Israeliten! Der Herr ist unser Gott, der Herr allein.[1]

Er fängt an, indem er die Israeliten an die zentrale Bedeutung ihres Glaubens erinnert. Er sagt: „Hört, ihr Israeliten!" [und meint: „Hört zu und vergesst es nicht!"]. „Der Herr ist unser Gott, der Herr allein." Mose wollte damit sagen: *Alles, was ich gesagt habe und sagen werde, hängt an einer entscheidende Wahrheit, die alles überragt: Unser Gott ist Gott.* Es geht allein um ihn. Alles dreht sich in Wahrheit um Gott. Wenn wir nicht bei Gott anfangen, enden wir schnell in der falschen Spur.

Mose scheint ausdrücken zu wollen, dass *es keinerlei Bedeutung hat, was unsere Kinder wissen – solange sie nicht wissen, was wirklich von Bedeutung ist.* Es wäre jammerschade, wenn eure Kinder zwar den Wohlstand eines besseren Lebens genießen könnten und in dem Land leben würden, in dem Milch und Honig fließen und reiche Erfahrungsschätze sammelten, aber niemals wirklich Gott kennenlernen würden.

Im Judentum wird dieser Vers aus 5. Mose 6 regelmäßig gebetet. Man nennt ihn *Sch'ma* und er gehört zu dem grundlegenden Glaubensbekenntnis der Juden. Seit Moses Zeiten haben gläubige Hebräer das *Sch'ma* zweimal täglich gebetet: einmal wenn sie aufwachen und einmal bevor sie schlafen gehen. Das *Sch'ma* „ist das Passwort, mit dem ein Jude den anderen überall auf der Erde erkennt".[2] Sie hängen diesen Vers an ihre Türen, als sichtbare

Erinnerung daran, welchen Stellenwert Gott in ihrem täglichen Leben einnimmt. Er ist immer da und immer bereit, das Wertesystem der Familie wieder auf Kurs zu bringen, wenn es bedroht ist.

Diese Praxis soll keinen Druck auf uns als Eltern ausüben, sondern helfen, die richtige Perspektive zu behalten. *Wer sich selbst regelmäßig daran erinnert, dass Gott Gott ist, der lässt sich nicht noch mehr stressen, sondern der vertraut immer stärker.* Was immer auch Unvorhersehbares passiert: Gottes unveränderlicher Charakter gibt Ihrem Leben eine verlässliche Grundlage.

Die Kraft des *Sch'ma* liegt darin, dass er Gott ins Zentrum der Geschichte stellt. Jede Generation, jede Familie und jeder Einzelne hat Zugang zu seiner Güte. Wenn wir seine endlose Liebe durch Raum und Zeit und zahllose Ahnenreihen zurückverfolgen, können wir mitten im Chaos innehalten und Klarheit erlangen.

Die Verlagerung unseres Vertrauens von Gott und hin zu Besitztümern geschieht ganz langsam. Wenn das geschieht, steht alles auf der Kippe. Genau darum begegnete Gott Mose auf dem Berg, gab ihm die ersten Gesetzestafeln und warnte ihn vor den Gefahren der Götzenanbetung. Das, was nur von begrenztem Wert ist, will im Kampf um unser Herz das Ewige verdrängen. Mose sagte schlicht: *Lasst euch nicht ablenken. Vergesst nicht, wer euer Gott ist.*

Eine allmähliche Verlagerung

Als Mose das hebräische Volk aufforderte, nie zu vergessen, dass „der Herr, unser Gott (...) einzig" ist, warnte er es damit vor der Gefahr, seinen Fokus zu verlieren und seine Prioritäten zu verschieben. Ganz konkret heißt das: Wenn Familien bewusst den Wert verinnerlichen, dass Gott Gott ist, fällt es ihnen leichter, das Ziel nicht aus den Augen zu verlieren. Je stärker uns bewusst ist, dass es in allem um Gott geht, desto leichter fällt es uns, unsere Prioritäten so zu ordnen, dass wir uns auf das Wichtigste konzentrieren.

Wer Gottes Charakter klar im Blick hat, muss sich zwangsläufig damit auseinandersetzen, dass wir Menschen klein sind und er so überwältigend groß. Als Vater nehme ich schnell den Zollstock zur Hand, den unsere Kultur bereithält, um den Erfolg meiner Kinder an oberflächlichen Standards zu messen. Irgendwann beginne ich dann zu glauben, die richtige Uni und eine vorbildliche Karriere wären das Allerwichtigste in ihrem Leben. Oder es ginge darum, dass sie den richtigen Partner heiraten, in einer netten Gegend wohnen und tolle Freunde haben. All das ist sicher auch wichtig und ich verwende viel Energie darauf, ihnen die richtigen Werte dafür zu vermitteln, aber es ist nicht das *Wichtigste.* Vom Ende her zu denken bedeutet, mich auf das zu konzentrieren, worauf es letztlich ankommt.

Vom Ende her zu denken bedeutet, mich auf das zu konzentrieren, worauf es letztlich ankommt.

Eine Erinnerung zum Anfassen

Jede Familie kann ein Umfeld schaffen, das sie regelmäßig daran erinnert, dass der Herr unser Gott ist – „der Herr allein“. Warum das so entscheidend ist, liegt in der Natur der geistlichen Welt: Wir können sie nicht sehen, nicht anfassen, nicht fühlen. Allem, was wir sehen, anfassen oder fühlen können, schenken wir aber mehr Aufmerksamkeit. Darum müssen wir uns ganz bewusst an die größere Geschichte erinnern lassen, in deren Zentrum Gott steht.

Als ich Teenager war, wurde ich einmal dazu aufgefordert, mir einen alltäglichen Gegenstand zu suchen, der mich daran erinnern sollte, dass Gott mich liebt. Aus irgendeinem Grund wählte ich die antike Uhr, die uns eine Tante geschenkt hatte, bei der meine Mutter aufgewachsen war. Die Uhr stand im Büro direkt neben meinem Zimmer und schlug zu jeder halben und vollen Stunde. Mehrere Jahre lange erinnerte sie mich von da an alle 30 Minuten an Gottes Gegenwart und Treue.

Ich hörte sie, wenn ich …

… morgens aufwachte,
… mich mit meinen Eltern stritt,
… von der Schule gestresst war,

… fernsah,
… von einem Date nach Hause kam und
… nachts nicht schlafen konnte.

Tag für Tag schlug sie treu die Stunde und erinnerte mich daran, dass es in meinem Leben noch etwas viel Größeres gab. Wenn ich mich von den alltäglichen Sorgen ablenken ließ, gab mir die alte Uhr einen kleinen Wink. Sie lenkte mich zurück in die richtige Bahn und richtete meine Gedanken wieder neu auf das, was ewigen Bestand hat. Wenn ich mich von meinen Problemen zu sehr runterziehen ließ, mich selbst bemitleidete oder darauf pochte, die Welt habe sich um mich zu drehen, schlug diese Uhr immer in strategisch wichtigen Augenblicken.

Moses Rede an jenem Tag war ein Weckruf. Er zeigte, wie wichtig es ist, das eigene Herz auf die richtige Frequenz einzustellen und ihm etwas zu zeigen, worauf es sich konzentrieren kann. Als Anführer war er allen Eltern ein Vorbild: Er führte diejenigen, die er liebte, immer wieder zurück zum Zentrum, zu dem, was am meisten Bestand hat. Mose wusste, wenn er den Blick der hebräischen Familie auf Gott lenken konnte, würde das ihre Identität stärken und ihr Schicksal verändern.

Ich habe gelernt, dass ich nicht alles kann

Als Vater fast erwachsener Kinder habe ich schon viele Erziehungsphasen durchgemacht. Ich erinnere mich, wie ich eines Tages in mein Büro ging und die Reihen voller Bücher über Familienthemen sah, die sich im Laufe der Zeit bei mir angesammelt hatten. Eine meiner Töchter durchlief gerade eine ganz schwierige Phase, weshalb ich frustriert war und mir Sorgen machte. Ich nahm eins der Bücher aus dem Regal und sagte dabei laut vor mich hin: „Mein aktuelles Problem taucht leider in keinem dieser Bücher auf!" In diesem Moment war ich von der Unsicherheit und Angst, die Eltern manchmal lähmen können, regelrecht überwältigt. Es gab nur eine Chance, Klarheit zu erlangen: Ich musste mir bewusst machen, dass Gott mein einziger Trost, meine einzige Hoffnung, mein einziger Wegweiser ist. Manchmal gibt es weder einfache Rezepte noch klare Handlungsmöglichkeiten oder schnelle Lösungen. Es gibt nur Gott.

Irgendwann habe ich dann ein Prinzip erlernt, das wir „vom Ende her denken" nennen. Normalerweise beginnt sich der Nebel zu lüften, wenn ich gedanklich zur letzten Szene im Leben meiner Kinder vorspule und mir die Frage stelle: Wohin sollen sie sich einmal entwickeln? Ich weiß dann, dass die Antwort auch von meinem Verständnis abhängt, wer Gott ist. Ich stelle mir das Ende vor und erinnere mich daran, dass Gott seine Geschichte erzählt.

Das Schwierigste im Zusammenhang mit meinen Kindern war vielleicht, mir einzugestehen, dass meine Fähigkeiten begrenzt sind und ich darauf vertrauen muss, dass Gott sich dazustellt und eingreift. *Erwähnte ich, dass ich ein Kontrollfreak bin?*

An manchen Tagen brauche ich einfach eine kleine Erinnerung daran, dass meine Familie in einer größeren Geschichte mitspielt, und dass Gott gerne durch uns zeigen möchte, wie er wirken kann.

An jenem Tag in meinem Büro schien Gott zu sagen:

Ich versuche nicht, sie glücklich zu machen,
ich möchte, dass sie wirklich leben.

In all ihrem Schmerz kann ich ihnen ein besserer Freund sein als jeder andere, sogar als du.

Ich bin der Einzige, der sie wirklich bedingungslos *lieben* kann, der ihnen ein für alle Mal *vergibt* und ihnen ein *vollkommener* Vater ist.

Vielleicht musst du mir einfach so sehr vertrauen,
dass sie mich dadurch erkennen.

Und, nur so nebenbei … bei all deinen Schwächen ist es vielleicht ohnehin besser, wenn sie mir mehr vertrauen als dir.

Ist es nicht wichtiger für sie, mich mehr zu lieben als dich?

Ich kann ihre Herzen heilen, du nicht.

Ich kann ihnen ewiges Leben schenken, du nicht.

Ich bin Gott, du nicht.

Mit Gott können wir es nicht aufnehmen

So seltsam es klingt, manchmal stehe ich in der Gefahr, Gott spielen zu wollen. Statt auf ihn hinzuweisen, versuche ich der Held zu sein. Es ist ein großer Unterschied, ob wir unsere Kinder prägen und erziehen wollen oder ob wir versuchen, alles gleichzeitig für sie zu sein. Kluge Eltern wissen, dass sie Gott nicht ersetzen können. Mir wird immer bewusster, wie wichtig es ist, zu der Frage vorzuspulen, wohin sie sich einmal entwickeln sollen. Wenn ich mir die Zukunft vorstelle, kann ich deutlicher zwischen dem unterscheiden, was wichtig ist und was am wichtigsten ist. Und sosehr ich mir die bestmögliche Beziehung zu meinen Kindern wünsche: Noch wichtiger ist es, dass sie eine tiefe Beziehung zu Gott entwickeln.

Wenn ich mir die Zukunft vorstelle, kann ich deutlicher zwischen dem unterscheiden, was wichtig ist und was am wichtigsten ist.

Die meisten Eltern spüren diese Verantwortung ganz intuitiv. Wenn auch nur die leiseste Wahrscheinlichkeit besteht, dass Gott existiert, ist es nur logisch, dass wir die Suche nach ihm zur obersten Priorität unseres Lebens machen. Und wenn Gott wirklich unsere Kinder geschaffen hat und sich eine Beziehung zu ihnen wünscht, dann gehört es zu unserer wichtigsten Aufgabe, sie in seine Richtung zu lenken. Selbst Eltern, die an ihrem eigenen Glauben zweifeln, ahnen, dass sie ihre Kinder geistlich auf die Suche schicken sollten. Hier sind ein paar interessante Zahlen: Einer Studie der *Barna Research Group* zufolge glauben 85 Prozent der Eltern, dass sie für die geistliche Entwicklung ihrer Kinder verantwortlich sind. Und stolze 96 Prozent fühlen sich verantwortlich für die moralische Erziehung.[3]

Wenn man so liest, was die meisten christlichen Erziehungsratgeber Eltern zumuten, kann einem fast schlecht werden. Dort wird quasi verlangt, dass man für zweierlei im Leben seiner Kinder verantwortlich ist:

1. Man soll Gott so gut verkörpern, dass er für sie dadurch anfassbar wird.
2. Man soll seine Kinder dazu bringen, Gott so ähnlich wie möglich zu werden.

Geht nur mir das so oder klingt das nach enorm hohem Druck? Der Gedanke, meine Erziehung wäre für Ihre Gottesvorstellung verantwortlich, lässt mich stark daran zweifeln, dass ich für diesen Job der Richtige bin. Setzt man dann obendrauf den Anspruch, meine Kinder sollten auch noch göttlich werden, bin ich endgültig in Angstschweiß gebadet.

Ich erinnere mich noch, wie ich versuchte, mit meiner Tochter Rebekah über die Aufgabe, ihr ein Bild von Gott zu vermitteln, zu reden. Sie war damals in der fünften Klasse. Ich wollte quasi jegliche Haftung ausschließen und mich in meiner Rolle etwas wohler fühlen. Ich sagte zu ihr: „Weißt du, manchmal fühle ich mich etwas mulmig, schließlich sollte ich dir als Vater ein Beispiel dafür sein, wie Gott, der himmlische Vater, ist.“ Es wurde kurz ziemlich still im Auto und dann antwortete sie: „Dad, darum brauchst du dir keine Sorgen zu machen. Ich verwechsele euch beide schon nicht. Du bist garantiert nicht Gott.“

Das Problem ist: Viele Eltern haben keine Ahnung, wo sie anfangen sollen, wenn es darum geht, den Glauben und die Persönlichkeit ihrer Kinder zu formen. Wer in der Gemeinde aufgewachsen ist, hat meist irgendwann gehört, dass Eltern ihre Kinder geistlich anleiten sollen. Aber wenn wir ehrlich sind, fühlen wir uns nicht immer besonders geistlich und wir sind uns auch nicht wirklich sicher, ob wir überhaupt wissen, wie man jemanden im Glauben anleitet.

Denken wir kurz über die Formulierung *geistlich leiten* nach und fragen uns, was er wirklich bedeutet. Wie würden Sie *geistliche Leiterschaft* definieren? Wir lassen uns als Eltern manchmal von solchen Begriffen einschüchtern und haben plötzlich keine Ahnung mehr, ob wir dazu überhaupt in der Lage sind. Brechen wir geistliche Leiterschaft einmal auf ganz konkrete und gangbare Schritte herunter.

Vor einigen Jahren war ich zum Leitertreffen einer landesweiten Organisation eingeladen, die Ideen sammeln wollte, wie sie mit Eltern zusammenarbeiten könnte. Zu Beginn schrieb der Moderator „2. Timotheus 3,17" an die Tafel. Dieser Vers lautet in der Einheitsübersetzung: „So wird der Mensch Gottes zu jedem guten Werk bereit und gerüstet sein." Mit seinem Edding schrieb er in Großbuchstaben die Worte „ZU JEDEM GUTEN WERK BEREIT UND GERÜSTET" an die Tafel. Dann sagte er, wenn in unserem Land alle „zu jedem guten Werk bereit und gerüstet" wären, gäbe es keine Familienkrise in Amerika.

Als er uns bat, Ideen zu sammeln, wie man sich diesen Satz auf die Fahne schreiben kann, wurde mir unbehaglich zumute. Der Anspruch auf der Tafel war überwältigend. Mir sprangen die Worte direkt ins Gesicht und ich musste denken: *Ich kann mich nicht daran erinnern, dass meine Frau jemals die Formulierungen „zu jedem guten Werk bereit", „Mensch Gottes" und meinen Namen im selben Atemzug genannt hat. Unsere Kinder sind Teens. Bis ich ein „zu jedem guten Werk bereiter und gerüsteter Mensch Gottes" bin, sind meine Kinder verheiratet und haben Kinder. Vermutlich werden diese Worte niemals völlig auf mich zutreffen. Ich bin nicht einmal sicher, was sie genau bedeuten.*

Ich glaube, hier landen wir wieder bei dem Thema Fähigkeiten. Haben Sie jemals Experten über Erziehung reden hören und gedacht: *Na, dann bin ich wohl nicht qualifiziert genug.* Vor einigen Jahren haben wir einmal eine Definition von *geistlicher*

Leiterschaft formuliert, die eine praktische, umsetzbare Richtlinie für Eltern sein könnte:

> Kinder geistlich zu leiten bedeutet, ihnen zu helfen, den nächsten Schritt auf ihrer Reise mit Gott zu gehen.

Manchmal fühlen wir uns überfordert, weil wir schon so weit vorausblicken, statt uns einfach nur auf den nächsten Schritt zu konzentrieren. Der unterscheidet sich im Übrigen gar nicht besonders von unserer Hilfe bei den Schulaufgaben oder wenn die Kinder krank sind. Kein Elternteil würde sagen: „Ich kann dir nicht bei den Schulaufgaben helfen, ich habe leider nicht studiert." Oder: „Ich kann nicht aufpassen, ob du deine Medizin nimmst, denn ich bin kein anerkannter Arzt." Wir sind einfach dafür verantwortlich, das uns Mögliche zu tun, um sie in der Schule zu fördern und für ihre Gesundheit zu sorgen.

Geistliche Führung bedeutet nicht, dass wir alles über Gott verstanden haben müssen. Wir brauchen keinen Bibelschulabschluss dafür. Wir brauchen nicht einmal so *geistlich* zu sein, wie wir es der Gemeindeleitung unterstellen. Geistliche Führung setzt den Hebel ein, über den wir im letzten Kapitel gesprochen haben: nämlich unsere Kinder mithilfe unserer Beziehungen darin zu unterstützen, in ihrer Beziehung zu Gott zu wachsen.

Mein Vater und ich sind sehr unterschiedlich. Er wurde in der großen Weltwirtschaftskrise geboren und sein Vater war Baumwollfarmer. Als Jugendlicher ging er zur Air Force, um manchem zu Hause zu entkommen.

> Er ist nüchtern. Ich bin emotional.
> Er benutzt einen PC. Ich einen Mac.
> Er redet nicht viel. Ich wie ein Buch.
> Er ist sparsam. Ich gebe liebend gern Geld aus.

Er kann alles Mögliche bauen oder reparieren.
Ich habe zwei linke Hände.
Er ist eigensinnig, willensstark und etwas stur.
Ich … nun ja, wir unterscheiden uns in *fast* allem.

Vor einigen Jahren habe ich mich einmal hingesetzt und überlegt, welchen geistlichen Hebel mein Vater in meinem Leben angesetzt und damit meinen Glauben beeinflusst hat. Ich war erst ein Jahr alt, als er und meine Mutter beschlossen, alle unsere Verwandten zurückzulassen und nach Memphis zu ziehen.

In dieser Zeit fanden sie Kontakt zu einer Gruppe christlicher Ehepaare und entdeckten Kirche wieder ganz neu für sich. Ich erinnere mich, wie wir die Sonntagsschule besuchten und alle Familien sich sonntagabends nach dem Gottesdienst trafen, um Zeit miteinander zu verbringen, lange bevor irgendjemand davon sprach, wie wichtig es ist, eine *Gruppe* zu haben. Diese Familien lebten uns einen authentischen und beziehungsorientierten Glauben vor und ermutigten meine Eltern auf ihrer geistlichen Reise.

Als ich acht Jahre alt war, erlebte ich, wie mein Vater in unserer Gemeinde als Diakon eingesetzt wurde. Ich kann mich nur an ein anderes Mal erinnern, an dem ich ihn weinen sah, und das war, als sein eigener Vater starb. Im selben Jahr wurde ich getauft, und mein Vater belegte als Gasthörer einige Seminare am *Bible College*, um noch mehr zu lernen. Im Laufe der Jahre reichte er etliche Kassetten seiner Dozenten an mich weiter und ließ mich teilhaben an dem, was sie zu sagen hatten. Es ging um Gottes Existenz und unzählige andere Themen, zu denen ich als Jugendlicher Fragen hatte.

Ich erinnere mich lebhaft an eine Zeit in meinem Leben, als ich mit einigen persönlichen Versuchungen zu kämpfen hatte. Damals kannte ich niemanden, dem ich meine Fragen hätte stellen können. Eines Abends ließ er *versehentlich* eine Kassette mit dem Titel *Der Schrei eines unglücklichen Christen* auf meinem Schreibtisch liegen. Die Lektion veränderte damals mein Leben und half mir, in jungen Jahren das Prinzip von Gottes Gnade zu begreifen.

Als ich beschloss, eine christliche Jugendarbeit zu starten, verkaufte mein Vater etliches aus unserem Besitz – darunter unseren Billardtisch –, um Mikrofone und Verstärker für meine Einsätze unterwegs zu kaufen. Ich wette, Sie halten meinen Vater jetzt für eine Art Heiligen. Das Lustige ist aber, dass ich ihn nie so gesehen habe. Wir haben uns nie tief gehend über seine Beziehung zu Gott unterhalten. Wir haben nie zusammen in der Bibel gelesen, und er hat auch kein geistliches Ritual zum Übergang ins Erwachsenenalter für mich zelebriert. Ich glaube nicht, dass sich mein Vater für einen *zu jedem guten Werk bereiten und gerüsteten Menschen Gottes* halten würde.

Wie die meisten Eltern hatte mein Vater auch seine Schwächen. Aber auf seine Art gelang es ihm, Wege zu finden, um mich in eine Beziehung zu Gott zu führen.

Etliche Männer hatten Einfluss auf meinen Glauben, aber keiner so wie er. Warum? Weil er mein Vater war. Er spürte, dass Gott für unsere Familie wichtig war und wir geistlichen und ewigen Dingen nachjagen sollten.

Ich glaube, meine Eltern setzten bereits das Prinzip *Vom Ende her denken* um, ohne es zu kennen. Gott war bei uns zu Hause oberste Priorität. Und sie erweiterten den Kreis mich prägender Menschen, indem sie gute Freundschaften zu anderen Eltern und Mitarbeitern in der Gemeinde pflegten. Viele dieser Leute wurden zu wichtigen Stimmen in meinem Leben.

Vielleicht fragen Sie sich jetzt: „Und was sollen wir konkret als Eltern tun? Wie bringe ich mein Kind dahin, den nächsten geistlichen Schritt zu unternehmen?“

Wir geben Ihnen keine Checkliste an die Hand. Unsere gemeinsame Erfahrung ist, dass jedes Kind ganz eigene individuelle Anregungen braucht. Und Sie können Ihre Möglichkeiten, so begrenzt sie vielleicht sein mögen, einsetzen, um Ihre Familie mit Gottes unendlichen Möglichkeiten zusammenzubringen.

In seinem Buch *ScreamFree Parenting* (dt. „Erziehung ohne zu schreien"), schreibt Hal Runkel:

> *Sie müssen Ihrem Kind Raum geben, auf seine ganz individuelle Art eine Beziehung zu Gott zu entwickeln. Bedeutet das, gar nichts zu tun? Natürlich nicht. In der Entwicklung Ihres Kindes regen Sie aktiv Gespräche über den Glauben an. Sie führen es ein in Ihre Glaubenstradition, die Sie bis hierher begleitet hat. Und Sie leben vor allem so, dass die wichtigsten Werte dieses Glaubens sichtbar werden.*[4]

Wir sind eingestiegen in dieses Thema mit Gedanken über unser Vermächtnis, das geistliche Erbe, das Eltern an die nächste Generation weitergeben. Meine Eltern hätten einen milliardenteuren Kindergeburtstag ebenso wenig für mich ausrichten können, wie meine Frau Debbie und ich das für unsere Kinder könnten. Aber meine Eltern haben etwas weitaus Wertvolleres und Dauerhafteres in mich hineingelegt. Sie haben mir Raum gegeben und mich ermutigt, einen Glauben zu entwickeln, der mein eigener wurde.

Vom Ende her denken

Fragen für das Gespräch

Schlüsselfrage: *Wohin soll sich mein Kind entwickeln?*

1. Spulen Sie einmal zu den großen Momenten im Leben Ihres Kindes vor: zum Schulabschluss, zur ersten Stelle, zur Hochzeit. Lassen Sie die Situation vor Ihrem inneren Auge ablaufen. Wer feiert mit? Wie erlebt Ihr Kind diesen wichtigen Moment? Was hat es getan, um dieses Ziel zu erreichen? Wie sehen seine engsten Beziehungen in diesem Moment aus? Wie sieht Ihre eigene Beziehung zu ihm aus?

2. Wenn Sie an den letzten Monat denken, womit haben Sie die meiste Zeit Ihrer Erziehung verbracht? Was hat sie häufig beschäftigt? Sich um Dringendes (wie Schlaf, Ernährung oder Disziplin) zu kümmern, bedeutet häufig andererseits, dass die entscheidende persönliche Entwicklung (wie geistlich zu wachsen, zu lernen, gute Entscheidungen zu treffen oder sich von positiven Werten leiten zu lassen) schnell auf der Strecke bleibt. Wie gehen Sie mit dieser Spannung um?

3. Worauf legt Gott Ihrer Meinung nach den meisten Wert: Was Sie tun, was Sie besitzen oder zu wem Sie werden?

4. Wo ist die Gesellschaft förderlich, wo hinderlich, um sich auf die wichtigsten Dinge im Leben konzentrieren zu können? Wie hilft Ihnen 5. Mose 6, die richtige Perspektive zu behalten?

5. Ich (Reggie) habe Ihnen in diesem Kapitel von einer Uhr bei uns zu Hause erzählt, die mich mit jedem Schlag zur halben und vollen Stunde daran erinnert, mich an Gott auszurichten. Welche greifbaren Gegenstände begegnen Ihrer Familie jeden Tag und könnten auf ähnliche Weise als Erinnerung dienen?

Herausforderung

Bitten Sie Gott, Ihnen eine klare Vorstellung davon zu schenken, wohin sich Ihre Kinder als Erwachsene entwickeln sollen.

- Wie soll ihre Beziehung zu Gott aussehen?
- Wie würden Sie ihren Charakter beschreiben?
- Was sollen Freunde und Familie über sie sagen?

Bitten Sie Gott, dass er Ihnen hilft, sich darauf zu konzentrieren, wohin Ihre Kinder sich entwickeln, statt wie sie sich in irgendeiner Situation verhalten. Achten Sie darauf, wie sich Ihre Haltung, Ihre Perspektive und Ihre Prioritäten verändern, wenn Sie das Ziel im Blick behalten.

Kapitel 5

Dritter Familienwert: Die Herzen unserer Kinder erobern

In dem, was wir sagen, die Beziehung zu unseren Kindern wertschätzen

Ich (Carey) erinnere mich an einen Morgen, als meine Söhne 13 und neun Jahre alt waren. Meine Frau war an diesem Tag unterwegs und ich musste mich um das Frühstück kümmern. Amerikanische Pfannkuchen sind ungefähr das Einzige, was ich kochen kann, und so mixte ich Mehl und Eier und all die anderen Zutaten zusammen. Kochen ist überhaupt nicht mein Ding, aber an diesem Tag gehörte es noch zu den schönsten Ereignissen.

Beide Jungs hatten schlechte Laune. Sonst sind sie tolle Kinder, aber an diesem Morgen war keiner von beiden sonderlich gut drauf oder kooperativ.

Sie hörten auf kein Wort, das ich ihnen sagte. Ich probierte es mit allen mir bekannten Erziehungstricks: Ich argumentierte sachlich, appellierte an ihren guten Willen und an ihr schlechtes Gewissen, sprach erst angedeutete und dann ausdrückliche Drohungen aus und spielte den Verzweifelten. Nichts half.

Schließlich drehte ich mich zum Älteren, Jordan, um und schrie: „Jetzt setzt du dich sofort auf den stillen Stuhl!“

Natürlich war es unmöglich, einen 13-Jährigen dazu aufzufordern. Ich hatte ihn schon seit Jahren nicht mehr auf den stillen

Stuhl geschickt. Aber es war mein letzter verzweifelter Versuch, um nicht völlig durchzudrehen.

Jordan blickte mich trotzig an und sagte: „Du kannst mich nicht auf den stillen Stuhl schicken. Ich bin 13 Jahre alt!"

Das gab mir den Rest.

Ich hatte keinen einzigen pädagogischen Handgriff mehr auf Lager und wusste absolut nichts Intelligentes, Geistliches oder Angemessenes mehr zu sagen. Also raunzte ich ihn an, ich sei größer als er und sein Vater und wenn ich einen 13-Jährigen auf den stillen Stuhl schicken wolle, könne ich das sehr wohl tun und darum solle er sich mal lieber ganz schnell auf seinen Hosenboden setzen!

Allzu leicht vergessen wir dabei, dass man die Diskussion gewinnen und das richtige Verhalten erzwingen, aber dabei das Herz des anderen verlieren kann.

Ich vermute, er setzte sich schließlich mehr aus Mitleid oder Angst als aus Gehorsam hin. Gedemütigt. Mit 13. Auf den stillen Stuhl!

Wie die meisten Väter lasse ich mich schnell provozieren, wenn meine Autorität infrage gestellt wird. Ich gehe auf Konfrontation. Ich muss unbedingt die Auseinandersetzung gewinnen, der Rebellion ein Ende setzen und klarstellen, dass ich das Sagen habe. Allzu leicht vergessen wir dabei, dass man die Diskussion gewinnen und das richtige Verhalten erzwingen, aber dabei das Herz des anderen verlieren kann.

Während ich die Pfannkuchen backte, verstand ich, wie wichtig es ist, die Herzen meiner Kinder zu erobern. Und aus mehreren Gründen bin ich für diese Einsicht und diesen Moment dankbar.

Auf meinem ersten Ausbildungsweg habe ich Jura studiert und mag Regeln (ich behaupte nicht, sie immer zu befolgen, sondern nur, sie zu mögen). Hätten Sie mich vor fünf Jahren darauf angesprochen, hätte ich vielleicht noch geglaubt, Gehorsam sei wichtiger als Liebe.

Als Reggie und ich anfingen, gemeinsam Erziehungsthemen zu bearbeiten, kam mein älterer Sohn gerade in die Pubertät. Während wir die Materialien entwickelten, wurde mir klar, wie sehr ich selbst erst durchbuchstabieren musste, was wir da beschrieben.

Damals ahnte ich, dass ich mit meinen mangelnden Erziehungsfähigkeiten keine große Chance hatte, meine Aufgabe erfolgreich ausführen zu können. In unserer vierköpfigen Familie gibt es zwei Juristen (meine Frau und mich) und drei Erstgeborene. Wenn Sie annehmen, bei uns würden klare Standpunkte vertreten, liegen Sie goldrichtig. Aber als meine Kinder älter wurden, merkte ich, dass es kein echter Sieg ist, wenn ich in einer Auseinandersetzung die Oberhand gewinne. Einen 15-Jährigen kann man nun einmal nicht mit den gleichen Methoden umstimmen, die man bereits bei ihnen im Alter von fünf Jahren angewendet hat. Wenn Kinder zu Jugendlichen und schließlich zu Erwachsenen werden, schwindet unsere Kontrolle über sie. Als mir dies klar wurde, hat mir enorm geholfen, mir für meine Aufgabe als Vater und Ehemann zwei Prioritäten zu setzen: Liebe und die Verwendung einer Form von Kommunikation, in der mein Gegenüber Wertschätzung erfährt.

In jeder Familie gibt es hin und wieder Streit. Aber es ist ein gewaltiger Unterschied, ob wir dabei *gegeneinander* kämpfen oder *um* den anderen. Wenn wir gegen den anderen kämpfen, wollen wir siegen. Wenn wir um den anderen kämpfen, wollen wir, dass er gewinnt. Wenn wir gegen andere kämpfen, errichten wir Mauern. Wenn wir um jemanden kämpfen, reißen wir sie ein. Wenn wir gegen Menschen kämpfen, setzen wir Beziehungen aufs Spiel. Wenn wir um Menschen kämpfen, stellen wir sie an die oberste Stelle.

In meiner Rolle als Ehemann, Vater und Mensch bin ich dankbar zu wissen, wie wichtig es ist, um das Herz meiner Kinder zu kämpfen. Für mich kam die Erkenntnis genau zum richtigen Zeitpunkt.

Für Gottes Volk war Moses Vortrag in 5. Mose 6 ebenfalls genau richtig.

Mose hatte in seiner gesamten Karriere als Anführer versucht, das Volk Israel zum Gehorsam zu bewegen. Gleich mehrere Geschichten im Alten Testament handeln davon, wie er mit ihrer Sturheit zu kämpfen hatte. Aber in 5. Mose 6 scheint Mose Gottes Gesetze aus einem anderen Blickwinkel zu betrachten: aus dem eines gereiften Leiters.

In diesem Kapitel fordert Mose die gesamte hebräische Nation heraus – in dem Moment, als diese Wanderer gerade im Begriff sind, nach Kanaan einzuziehen. Er lässt ihre Geschichte der vergangenen 40 Jahre Revue passieren und erinnert sie an ihren Bund mit Gott. In diesem entscheidenden Moment erneuert er das Fundament dieses Volkes mit den Worten: *„Der Herr ist unser Gott, der Herr allein."*[1]

Bis zu diesem Punkt hatte er nichts Neues gesagt. Seine Worte waren ein fundierter Rückblick auf Gottes Wirken in all den Jahren und auf die Gebote, die er ihnen gegeben hatte.

Aber dann sagte Mose etwas, das ihm die Aufmerksamkeit aller sicherte. Etwas, das an dieser Stelle zum ersten Mal in der Bibel steht. Etwas, das Jesus 1500 Jahre später wiederholen und erweitern sollte.

> *Darum sollst du den Herrn, deinen Gott, lieben mit ganzem Herzen, mit ganzer Seele und mit ganzer Kraft.*[2]

Vor vierzig Jahren war Mose vom Berg Sinai hinuntergeklettert – samt der Zehn Gebote, die er seinem Volk in Gottes Auftrag weitergeben sollte. Irgendwo inmitten all dieser Gebote stand eine Notiz, so kurz, dass sie fast unbemerkt geblieben wäre.

Gott hatte gerade erläutert, dass sein Volk keine anderen Götter und Götzen anbeten darf, da streift er den entscheidenden Punkt, der ein religiöses System von einer Glaubensbeziehung unterscheidet: Gott verspricht, dass er „über Tausende von Generationen" hinweg denen seine Liebe zeigen wird, „die mich lieben und sich an meine Gebote halten" (2. Mose 20,6). Diese Bemerkung wirkt fast unbedeutend inmitten dieses ganzen Textes. Aber sie stellt einen entscheidenden Bezug her zwischen Liebe und Gehorsam.

Vor diesem Vers gibt es kaum eine Stelle im Alten Testament, die beschreibt, wie jemand aus seiner Liebe zu Gott heraus handelt. Oder welche Beziehung zwischen dieser Liebe und seinen Geboten besteht. In manchen Abschnitten lesen wir von Gottes Liebe zu seinem Volk oder dass Menschen sich untereinander liebten. Aber nirgendwo geht es um die Liebe eines Menschen zu Gott.

Bis zu diesem Vers geht es fast in dem gesamten Text darum, dass Menschen Gott anbeten, ehren und fürchten sollen. Darum sind Moses Worte in 5. Mose 6 so entscheidend für die hebräische Kultur. Er ist Gott auf dem Berg begegnet, hat Israels Geschichte miterlebt und kann die Dinge einordnen wie kein anderer.

In einem Satz verbindet er die einzelnen Punkte miteinander und lässt sie so den gesamten Zusammenhang erkennen. Was er in diesem einen Satz sagt, prägt die Gespräche, die Juden in den kommenden Jahrtausenden führen werden. Er benennt das fehlende Glied, das wir verpassen, wenn wir unseren Glauben zu einem Regelwerk machen.

Nur eins trennt einen lebendigen Glauben
von einer formelhaften Rechtgläubigkeit,
ein Wort,
ein Konzept,
eine beherrschende Macht:
Liebe.

Mose stellt zunächst den Bezug zwischen dem Gehorsam Gottes Geboten gegenüber und dem Thema Liebe her, und anschließend führt er die Liebe zu Gott auf eine tiefere Ebene. Er legt den Grundstein, auf den Jesus später ein ganzes Reich aufbauen wird. Und in den folgenden Kapiteln wiederholt Mose dieses Gebot sogar noch über ein Dutzend Mal.

> *Darum sollst du den Herrn, deinen Gott, lieben mit ganzem Herzen, mit ganzer Seele und mit ganzer Kraft.*

Mose kämpft für etwas Wichtigeres als Lebensstil und richtiges Handeln. Er kämpft um die Herzen derer, die ihm folgen.

Wenn wir der nächsten Generation ein Vermächtnis hinterlassen wollen, wird das nur anhand von Beziehungen funktionieren. Wer Regeln, Anweisungen oder Wahrheiten ohne den Kontext einer authentischen, gewinnenden Beziehung vermittelt, konstruiert nur eine leere Religion – eine Rechtgläubigkeit, die im Sande verläuft, zur Unterdrückung von Menschen führt oder Rebellion hervorruft. Mose fasste den gesamten Glauben seines Volkes zusammen und führte ihn auf die Liebe zu Gott zurück.

Eine neue Regel

Als die Israeliten das verheißene Land beinahe erreicht haben, erinnert Mose sie erneut an diese zentrale Wahrheit. Man darf nicht vergessen, in welchem Zusammenhang Mose seine Rede hielt: Die Vergangenheit der Israeliten traf auf ihre Zukunft. Alle hatten auf diesen Moment hingearbeitet. Mose bereitete sie nicht nur auf das vor, was er ihnen an diesem Tag noch mitgeben wollte. Sondern Gott hatte sie schon seit Jahrzehnten darauf vorbereitet, was er für immer in ihr Herz schreiben wollte.

Moses Präsentation ist rhetorisch grandios. In der einen Hand hält er noch das Kapitel, in das ihre Geschichte bis zu diesem Punkt geschrieben wurde und erinnert sie an ihren Ungehorsam und Gottes Treue. Und in der anderen hält er ein neues Kapitel, das die zukünftige Wirklichkeit in Kanaan schildert. Der Kontrast ist gewaltig: *Bislang* Wüste, *bald* Kanaan. *Bislang* wankelmütiger Glaube des Volkes, *bald* der größtmögliche Beweis für Gottes Treue.

Mose sagt: *Gott tut, was er versprochen hat: Ihr werdet den Honig auf eurer Zunge schmecken und am Strand spazieren gehen. Der Vertrag ist erfüllt. Gott hat wie versprochen gehandelt.* Und mit einem entscheidenden Satz bringt Mose die vergangenen Kapitel ihres Erbes mit ihrer Zukunft zusammen: „Darum sollst du den Herrn, deinen Gott, lieben mit ganzem Herzen, mit ganzer Seele und mit ganzer Kraft."

Warum gerade jetzt? Warum ist das wichtig für ihr Vermächtnis? Sie stehen kurz davor, Kanaans Annehmlichkeiten in Empfang zu nehmen – warum ist es jetzt wichtig, sich im Glauben zu bewähren und Gott zu lieben? Und überhaupt: Wie kann man jemandem *befehlen* zu lieben?

Mose sagt es unverblümt: *Von heute an wird alles anders. Was ihr erlebt habt und was ihr heute wisst, soll euch dazu bringen, Gott nicht mehr nur als jemanden zu sehen, den ihr fürchtet, sondern als jemanden, den ihr lieben könnt. Was ihr nun erleben werdet, soll bis in alle Ewigkeit eure Vorstellung von Gott prägen. Gott hält seine Versprechen. Ihr könnt Gott euer Herz, eure Seele und eure ganze Kraft anvertrauen. Er lässt euch Kanaan nicht erobern, weil ihr es verdient hättet oder weil ihr besonders wärt, sondern weil er Gott ist. Er hat keinen anderen Grund als den, euch nachhaltig davon zu überzeugen, wie er ist.*

In eurer Geschichte wird gerade ein neues Kapitel aufgeschlagen. Von heute an wird die Geschichte anders weitererzählt werden. Sie hat einen Höhepunkt, wie sie ihn vorher nie kannte, eine Auflösung, die einen völlig neuen Rahmen schafft. Von diesem Punkt an sollt ihr euch von einem Volk, das schlicht den Anweisungen folgt, verwandeln in ein Volk, das eine Liebesbeziehung mit seinem Schöpfer führt. Und seid euch über eines im Klaren: Die nächste Generation beobachtet euch und sieht zu, wie ihr auf Gottes Handeln reagiert.

Mose gibt ein neues Gebot, das alle bisherigen Gebote aufhebt. Es besagt, dass es Wichtigeres gibt als Regeln. Er stellt die Gottesbeziehung über alles andere. Wir sollen nicht länger aus Angst oder Ehrfurcht gehorsam sein. *Mose warnt das Volk ausdrücklich vor der Gefahr, Regeln ohne den Kontext einer liebevollen Beziehung weiterzugeben.*

> *Diese neue Regel besagt, dass es Wichtigeres gibt als Regeln.*

Und das ist auch für Eltern extrem wichtig. Die meisten meinen, es sei am wichtigsten, Regeln aufzustellen und die Gründe dafür zu erklären. Wenn wir nur erklären, *warum* es diese Regel gibt, verhalten Kinder sich automatisch richtig, oder? Wenn die Regeln sinnvoll sind, wenn sie nachvollziehbar sind, dann werden sie schon gehorchen. Wenn Wikipedia, die Bibel und die Supernanny alle derselben Meinung sind, dann sollte doch auch zu Hause Einigkeit darüber herrschen.

Die Wahrheit ist allerdings, dass ich mich an keine Situation erinnern kann, in der ich eine Regel so überzeugend begründete, dass meine Kinder nickten und einstimmig sagten: „Ach so, jetzt verstehen wir, Vater. Das hast du sehr gut erklärt. Jetzt tun wir genau das, was du sagst." Regeln und rationale Begründungen lassen sich diskutieren – eine vertrauensvolle Beziehung nicht. Leider sind die meisten von uns besser darin, einen Streit zu gewinnen als das Herz eines Menschen.

Es ist nicht so, dass Eltern nichts erklären sollten, wenn die Kinder „Warum?" fragen. Aber eine Antwort wird nie tragfähiger sein als eine gesunde Beziehung. Eltern können etwas ganz Entscheidendes tun: Sie können eine Form der Kommunikation lernen, in der die Beziehung größte Wertschätzung erfährt.

Vor Tausenden von Jahren hatten Eltern die gleichen Erziehungsfragen wie wir heute. Mose bereitete die hebräischen Familien bereits auf den Tag vor, an dem ihre Kinder die Regeln infrage stellen würden.

Er erklärte ihnen: „Später werden euch eure Kinder fragen: ‚Warum hat der Herr, unser Gott, euch all diese Gesetze, Weisungen und Ordnungen gegeben?' " (5. Mose 6,20).

Halten wir kurz inne.

Wenn Sie Kinder haben, erinnert Sie dieser Vers an irgendein Gespräch mit Ihren Kindern? Ich weiß nicht, welches Alter Mose hier im Sinn hatte. Angenommen, er dachte an 13-Jährige. Ich stelle mir jüdische Eltern vor, die bei Mose in der Therapie sitzen und stöhnen: „Ich weiß nicht, was schiefgelaufen ist. Sie durften die Kamelzügel halten. Sie hatten Zugang zur Oase im Garten. Sie schliefen in ihrem eigenen Zelt. Und jetzt beschweren sie sich über die Regeln! Sie wollen nicht die Festtage einhalten und stellen Passah infrage. Was sollen wir bloß tun?"

Eltern können etwas ganz Entscheidendes tun: Sie können eine Form der Kommunikation lernen, in der die Beziehung größte Wertschätzung erfährt.

Ich (Reggie) habe häufig überreagiert, wenn meine Kinder fragten: „Aber warum?" Ich holte die Tafel hervor, malte eine senkrechte Linie in die Mitte und sagte: „Auf dieser Seite stehen die Konsequenzen, wenn ihr das Falsche tut, und auf der anderen Seite sind die positiven Folgen, wenn ihr euch richtig entscheidet! Als euer Vater habe ich 30 Jahre mehr Erfahrung, und eure Mutter und Gott sind meiner Meinung. Und außerdem habt ihr einen Monat Hausarrest, wenn ihr nicht gehorcht. Noch irgendwelche Fragen?!"

Mose gibt den Leuten in dieser Situation einen interessanten Rat: Wenn ihre Kinder sie nach der Bedeutung der Gesetze und Ordnungen fragen, „sollt ihr ihnen antworten: ‚Wir waren Sklaven des Pharaos in Ägypten‘ [soll heißen: ‚Wegen dieser paar Regeln fühlt ihr euch wie Sklaven? Ihr habt ja keine Ahnung! Ich will euch sagen, wie echte Sklaverei aussieht!], ‚doch der Herr hat uns mit großer Macht aus Ägypten geführt. Vor unseren Augen schlug er Ägypten und den Pharao samt seinem ganzen Hofstaat mit schrecklichen Plagen und mächtigen Zeichen. Er führte uns aus Ägypten, um uns in das Land zu bringen, das er unseren Vorfahren mit einem Eid versprochen hatte. Und der Herr, unser Gott, befahl uns, alle diese Vorschriften zu halten und Ehrfurcht vor ihm zu haben, damit er für uns sorgt und es uns alle Tage gut geht, wie es nun der Fall ist.‘“[3]

Moses Erklärungen klingen nicht wirklich wie eine Antwort auf die Frage der Kinder. Sie klingen mehr wie eine Geschichte über Gottes Größe. Mose nennt hier nicht viele praktische Gründe, abgesehen von der Tatsache, dass wir Gott vertrauen können.

Mose wollte, dass zukünftige Generationen erkennen, dass sie persönlich ein Teil der größeren Geschichte sind, wie sie in den Masterplan passen.

Er möchte, dass die Kinder sich als Teil einer größeren Geschichte begreifen, in der Gott eine aktive Rolle spielt und bewiesen hat, wie sehr er sie seit Beginn der Zeitgeschichte liebt.

Mose wollte, dass zukünftige Generationen erkennen, dass sie persönlich ein Teil der größeren Geschichte sind, wie sie in den Masterplan passen und wie ihre Beziehung zu ihrem Schöpfer aussieht. Statt Eltern zu ermutigen, in die Rolle von Anwälten zu schlüpfen, die das Gesetz durch logische Beweisführung verteidigen, verwies Mose sie auf den Charakter des Gesetzgebers.

Am besten erobern wir die Herzen unserer Kinder, indem wir eine vertrauensvolle Beziehung zu ihnen aufbauen. Das ist ein entscheidendes Erziehungsprinzip und es hat sein Vorbild in Gottes Beziehung zu den Kindern Israels. In der Geschichte des hebräischen Volkes zeigt sich das Wirken eines Vaters, dessen Hingabe immer dieselbe bleibt. Die Hauptaussage dieses Epos' besteht darin, dass wir Gott *immer* vertrauen können.

Er befreite die Israeliten auf wundersame Weise aus der Sklaverei.

Er hielt fest an seiner Liebe zu ihnen, als sie seine Anweisungen ignorierten.

Er hörte nie auf, sie weiterhin durch die Wüste zu führen.

Er gab sie nie auf – trotz ihres widerspenstigen Verhaltens.

Der Beweis, dass Gott immer um die Herzen derer kämpft, die er liebt, schallt durch alle Zeiten und Generationen zu uns. Darum kann sich Mose am Scheidepunkt der Geschichte hinstellen und sagen: *Ihr könnt Gott euer Herz und eure Seele schenken. Liebt ihn mit eurem ganzen Sein, denn ihr könnt ihm immer und ewig vertrauen.*

Israels unreifes und launisches Verhalten war eine geeignete Kulisse, vor der Gottes Treue umso stärker leuchten konnte. Und auf ähnliche Weise können die widerspenstigen und trotzigen Reaktionen unserer Kinder eine Chance für die Eltern sein, unbeirrbar für sie da zu sein.

Eltern müssen dieses Prinzip begreifen, wenn sie die Herzen ihrer Kinder erobern wollen. Zu oft denken wir, es ginge nur darum, die Kinder dazu zu bewegen, die Regeln einzuhalten. Eines der größten Geschenke, das Eltern ihren Kindern mitgeben können, ist der Beweis, dass sie sich immer auf sie verlassen können. *In den prägenden Jahren und in der Pubertät ist es wichtiger, dass die Eltern das Vertrauen ihrer Kinder gewinnen als umgekehrt.*

Chap Clark hat auf unserer Orange-Konferenz einen Vortrag gehalten, in dem er wichtige Gedanken formuliert hat, wie man gesunde Strukturen für Jugendliche schaffen kann: „[Mütter und

Väter] müssen ihre Erziehungsaufgabe als Marathon betrachten. Sie müssen begreifen, dass es wichtiger ist, eine Beziehung aufzubauen, in der ihr Kind ihnen vertrauen kann, als die Frage, ob sie ihrem Kind in den konkreten Dingen des Alltags trauen können."[4]

Ich (Reggie) wünschte, das hätte mir jemand schon viel früher gesagt. Man könnte meinen, Zuverlässigkeit wäre eine Sache der Intuition. In Wirklichkeit kann man sie bewusst planen. Es klingt paradox, dass Situationen, in denen meine Kinder mein Vertrauen missbrauchen, gerade ihr Zutrauen zu mir stärken kann. Wir müssen uns klarmachen, dass ihr Vertrauen zu mir gefährdet ist, wenn ich …

… sie im Zorn bestrafe,
… Formulierungen benutze, die Ablehnung ausdrücken,
… ihre Anliegen ignoriere,
… nicht versuche, sie wirklich zu verstehen,
… meine Kernversprechen nicht einhalte,
… Dinge zu persönlich nehme.

Ich habe vier Kinder: einen Sohn und drei Töchter. Die deutlichste Lektion in Sachen Erziehung habe ich von meiner jüngsten Tochter Rebekah gelernt. Damals war sie in der siebten Klasse. Als Nesthäkchen hat sie erstaunliche verbale Fähigkeiten entwickelt, um unter ihren älteren Geschwistern zu überleben.

Eines Nachmittags führten wir in ihrem Zimmer eine Unterhaltung – recht lautstark, muss ich hinzufügen. Alles lief auf Aussagen hinaus wie: „Du bist 13 und tust, was ich dir sage. Ich bin dein Vater und du hast zu hören und damit basta!"

Und dann kam der Moment, in dem sie eine verbale Salve abfeuerte, die mich völlig unvorbereitet traf und mich so schwer erwischte, dass ich buchstäblich um Luft rang. Ich hätte nicht im Traum erwartet, dass eines meiner Kinder je so etwas zu mir sagen würde. (Der Fairness halber muss ich hinzufügen, dass sie schon zum wiederholten Mal versucht hatte, mir etwas zu sagen und ich einfach nicht zugehört hatte. Es war ihr verzweifelter Versuch, sich Aufmerksamkeit zu verschaffen.)

Ich war total schockiert. Ich wusste nichts darauf zu antworten. Ich war so tief persönlich getroffen, dass ich das Einzige tat, was mir in diesem Moment einfiel: Ich ging. Ich verließ das Zimmer, stieg die Treppen hinunter und lief durch den Flur in die Garage. Ich stieg ins Auto und fuhr davon. Erwähnte ich bereits, dass ich total wütend und sehr sehr tief verletzt war?

Ich fuhr durch die Straßen und fühlte mich verraten. Nach einer Viertelstunde klingelte mein Handy. Es war Rebekah.

Als ich dranging, sagte sie: „Dad, es tut mir leid. Ich habe nicht so gemeint, was ich gesagt habe." Dann fügte sie hinzu: „Aber warum bist du einfach weggegangen? Ich muss wissen, dass unsere Beziehung es wert ist, darum zu kämpfen."

Das war eine der Situationen, in der Vater und Kind die Rollen tauschen.

Statistisch kann ich das nicht belegen, weil mir die Zahlen fehlen, aber ich bin überzeugt, dass Rebekah formulierte, was viele Teenager irgendwann denken. Sie musste sichergehen, dass ich nie aufhören würde, um unsere Beziehung zu ringen.

Ich habe mit Collegestudentinnen gesprochen, deren Väter den Kampf um ihre Beziehung aufgegeben hatten, weil sie den um ihre Ehe verloren hatten. Ich habe mit Söhnen gesprochen, deren Beziehung zu ihren Eltern seit Konflikten in der High-School-Zeit angespannt ist.

Wir begehen als Eltern einen schweren Fehler, wenn wir in der irrigen Annahme, unsere Kinder bräuchten keine Beziehung zu uns, aufhören zu kämpfen. Manche haben die Beziehung abgeschrieben, weil sie einfach zu anstrengend ist.

Es ist leichter, darauf zu achten, dass wir unserem Kind vertrauen können, als uns aktiv darum zu bemühen, vertrauensvoll zu sein. Uns ist so wichtig, sie nach unseren Vorstellungen zu formen, dass wir unser eigenes Verhalten vernachlässigen.

Es dauert lange, bis wir als Eltern die negativen Auswirkungen sehen, wenn wir das Vertrauen unserer Kinder brechen. Dass sie uns vertrauen können, ist viel wichtiger für ihre Entwicklung als ihre eigene Zuverlässigkeit.

Wir haben Hunderte von Jugendlichen und Studenten persönlich befragt und festgestellt: Die tiefsten Verletzungen haben immer mit einer Frage des Vertrauens zu tun. Wenn wir die Herzen unserer Kinder erobern wollen, müssen wir ein Verhalten einüben, das unsere Vertrauenswürdigkeit beweist. Das heißt nicht, dass wir immer die richtigen Entscheidungen treffen oder die klügsten Regeln aufstellen oder die besten Erklärungen abgeben müssen. Und es heißt auch nicht, dass uns die unzähligen Konflikte und Auseinandersetzungen nicht auch nerven können. Es bedeutet einfach, dass wir nie aufhören, um unsere Beziehung zueinander zu kämpfen.

Dass unsere Kinder uns vertrauen können, ist viel wichtiger für ihre Entwicklung als ihre eigene Zuverlässigkeit.

Richard Halverson arbeitete von 1981 bis 1994 als Geistlicher im US-Senat. Er formulierte etwas Ähnliches: „Wenn ihr kämpfen müsst: Kämpft *für* die Beziehung, nicht dagegen.“[5]

Eltern und geistliche Leiter müssen sich einig sein, dass es in Familie und Kirche um mehr gehen sollte als um Regeln. Beide sind Orte, an denen vertrauensvolle Beziehungen geknüpft werden und an denen jedes Familienmitglied eine andere Form von Liebe erleben kann.

In der Glaubensgemeinschaft, zu der er sprach, wusste Mose von einem Geheimnis. Es liegt im Gehorsam verborgen und entfaltet sich dort, wo wir tief davon überzeugt sind, Gott vertrauen zu können. Mose wusste, wenn die Generation der Eltern und Leiter, zu denen er sprach, Gott mit ganzem Herzen und ganzer Seele liebten, würde das Auswirkungen auf ihr persönliches Leben haben und auf ihre Kinder übergehen. In der Folge würde die nächste Generation denen vertrauen, die Gott vertrauen. Diese Form liebevoller und vertrauter Beziehungen stärkt die emotionale und moralische Reife einer ganzen Generation.

Vielleicht hatte Mose noch etwas viel Wichtigeres begriffen, nämlich dass unsere Fähigkeit, unsere Kinder und unsere Familie zu lieben, mit unserer Liebe zu Gott zu tun hat. Anders formuliert: Wenn wir unsere Kinder unabhängig von unseren persönlichen Begrenzungen lieben wollen, müssen wir lernen, Gott zu lieben. Denn Gottes Liebe ist weitaus stärker und belastbarer als unsere elterliche Liebe. Die Fähigkeit, die Kraft und das tiefe Verlangen, unsere Kinder auf gute Art zu lieben, entwickelt sich, wenn wir lernen, Gott auf gute Art zu lieben.

Die Fähigkeit, die Kraft und das tiefe Verlangen, unsere Kinder auf gute Art zu lieben, entwickelt sich, wenn wir lernen, Gott auf gute Art zu lieben.

Die Herzen unserer Kinder erobern

Fragen für das Gespräch

Schlüsselfrage: *Wie kämpfe ich um das Herz meines Kindes?*

1. Erzählen Sie sich gegenseitig von der Familie, in der Sie aufgewachsen sind. Wie sind Ihre Eltern mit Regeln und Gehorsam umgegangen?

2. Wurden Regeln innerhalb eines liebevollen Beziehungsrahmens aufgestellt? Wurden Regeln hin und wieder zugunsten der Beziehung vernachlässigt – oder war die Beziehung den Regeln gegenüber zweitrangig? Welche positiven und negativen Auswirkungen haben Ihre Erfahrungen heute auf Ihre eigene Familie?

3. Denken Sie an die letzte Situation, in der Sie mit Ihren Kindern gestritten haben. Und jetzt erinnern Sie sich an die letzte Situation, in der Sie um die Beziehung zu Ihren Kindern gekämpft haben. Wie haben Sie sich jeweils nach diesen beiden Erfahrungen gefühlt? Für wie wichtig halten Sie es, um Ihre Kinder zu kämpfen statt gegen sie?

4. Schreiben Sie einmal die Namen aller Familienmitglieder in einer Spalte untereinander auf. Halten Sie daneben fest, worüber Sie am häufigsten mit dieser Person streiten. Warum sind diese Themen solche Knackpunkte?

5. Wo müssten Sie bei diesen Themen ansetzen, um zum Kern zu kommen? Mit anderen Worten: Was wünschen sich beide in dieser Situation? (Hinweis: Was Sie sich wirklich wünschen,

muss in diesen *Auseinandersetzungen nicht auf den ersten Blick erkennbar sein; möglicherweise geht es eigentlich um etwas ganz anderes.)*

6. Schreiben Sie auf, an welchen Orten Sie die tief gehendsten und ehrlichsten Gespräche mit Ihren Kindern geführt haben. Beim Zubettgehen? Im Auto? Beim Kartenspielen im Garten? Bei einem gemeinsamen Projekt?

   In dem Film „Vater der Braut" gibt es eine großartige Szene mit Steve Martin, der darin George Banks spielt, und dessen Tochter Annie. Die Situation entwickelt sich anders, als erwartet, und das Gespräch eskaliert. Aber dann hat George eine Idee: Er und seine Tochter unterhalten sich auf dem Basketballfeld in der Einfahrt, wo sie schon viele Stunden gemeinsam verbracht und ihre Beziehung vertieft haben.

Schaffen Sie solche Orte und Situationen für die ganz normalen Gespräche, wenn gerade kein Streit herrscht. Reden Sie mit Ihrem Ehepartner oder anderen Eltern über diese Gedanken und bestärken Sie sich gegenseitig darin.

Lesen Sie:

> *Ihr sollt den Herrn, euren Gott, von ganzem Herzen, von ganzer Seele und mit eurer ganzen Kraft lieben.* 5. Mose 6,5

Zum Nachdenken: Warum, glauben Sie, machte Gott Liebe statt Gehorsam zur obersten Priorität? Fällt es Ihnen schwer, dieses Prinzip in Ihrer eigenen Gottesbeziehung nachzuvollziehen? Nehmen Sie sich heute Zeit und beten Sie für jedes Familienmitglied und Ihre Beziehung zu ihm oder ihr.

Kapitel 6

Vierter Familienwert: Rituale schaffen

Verbringen Sie mehr wertvolle Zeit miteinander

Okay, lassen Sie uns noch einmal alles rekapitulieren.

Wer immer nach einem noch vollkommeneren Bild strebt und ständig nach dem grünen Gras des Nachbarn schielt, gerät schnell außer Puste. Wir sollten im Blick behalten, dass die Geschichte unserer Familie trotz allem Teil einer viel größeren Geschichte sein kann – egal wie unsere Vergangenheit aussah. Erinnern wir uns daran, dass wir im Kontext dieser Geschichte als Eltern nie alleine sind. Wir sind nicht für den Soloauftritt geschaffen, und unsere Kinder brauchen neben uns auch noch weitere Menschen, die sie positiv beeinflussen. Zum Glück gibt es einen größeren Kreis von Menschen, den wir einbeziehen können, um unsere Kinder über unsere eigenen begrenzten Fähigkeiten hinaus zu prägen.

Gott hat uns als Teil einer größeren Gemeinschaft von Glaubenden gedacht, damit wir in unserer Beziehung zu ihm wachsen können. Wenn Eltern und Mitarbeiter dieser Gemeinschaft mit demselben Ziel zusammenarbeiten und sich auf das Wichtigste konzentrieren, wird der Einfluss auf das Herz eines Kindes verstärkt. In der Beziehung zu unseren Kindern sollten wir um ihre Herzen kämpfen, indem wir in unseren Familien eine

Atmosphäre aus bedingungsloser Liebe und Vertrauen schaffen. Ach ja, und da wäre noch etwas, über das wir nachdenken müssen und das außerdem etwas mit unserer Kapazität zu tun hat:

Zeit.
Sie rennt.
Sie ist begrenzt.
Wir haben nie mehr davon als im Moment.
Daher ist nicht die Frage, wie wir mehr davon bekommen, sondern wie wir sie bewusster einsetzen.
Wie können wir als Eltern strategisch mit unserer Zeit umgehen, damit wir unsere eigenen begrenzten Kapazitäten ausweiten?

Jede Familie hat ihren eigenen Rhythmus. Wir müssen uns nicht erst vornehmen, einen einzuführen. Wir brauchen keinen zu entwerfen. Wir haben alle einen. Sie haben einen. Ihre Familie hat einen. Im Lauf der Zeit entwickeln und formen wir Rituale, die dann wiederum unsere Kinder prägen. Rituale sind im Grunde nichts anderes, als unser persönlicher Umgang mit Zeit.

Wenn Sie den Lebensrhythmus Ihrer Familie analysieren wollten, würden Sie schnell feststellen, dass er aus vielen wiederkehrenden Ritualen besteht.

Wenn Sie den Lebensrhythmus Ihrer Familie analysieren wollten, würden Sie schnell feststellen, dass er aus vielen wiederkehrenden Ritualen besteht. Sosehr uns der Gedanke missfällt, weil wir uns gerne als freie Menschen fühlen: Am Ende leben wir doch wie Gewohnheitstiere. Wenn Sie das nicht glauben, fahren Sie mal einen anderen Weg nach Hause, tauschen Sie beim Essen die Plätze oder legen Sie sich auf die andere Seite des Bettes.

Warum man Neugeborene so schnell wie möglich an einen Rhythmus gewöhnt und immer an derselben Tankstelle tankt, liegt an ein und demselben Grund: Gewohntes ist effektiv. Deshalb haben wir einen Kalender, deshalb planen wir regelmäßige Familienabende, aus diesem Grund laufen Fernsehserien immer zur selben Zeit und verändern Kirchen nicht willkürlich ihre Gottesdienstzeiten. Darum haben Läden feste Öffnungszeiten und aus demselben Grund tragen wir Uhren am Handgelenk. Unser Leben ist größtenteils in einem festen Rhythmus getaktet.

Rhythmus und Rituale bestimmen uns weitaus mehr, als wir denken. Jordan war gerade erst in den Kindergarten gekommen, als ich (Carey) zum ersten Mal mit auf einen der Kindergartenausflüge fuhr. Wir wollten in den Zoo gehen, und da ich erst wenige Jahre Erfahrungen als Vater gesammelt hatte, graute mir vor einem Tag mit lauter Vier- und Fünfjährigen. Eigentlich fuhr ich nur mit, weil ich nicht ausgerechnet der Vater sein wollte, der nie an den wichtigen Ereignissen seiner Kinder teilnimmt.

Als ich dann den Gruppenraum betrat, war ich fassungslos von dem Anblick, den Jordans Erzieherin und seine Gruppe mir boten: Die Erzieherin hatte die Knirpse tatsächlich zum Stillsitzen gebracht. Sie sprach mit ruhiger Stimme und erklärte uns, was uns an diesem Tag erwartete. Fast so, als spräche sie zu Harvardstudenten.

Diese Kinder kannten nicht einmal das komplette Alphabet, aber sie waren ruhig, bis sie angesprochen wurden und stellten sich vor dem Bus in einer Reihe auf, als würden sie von einer unsichtbaren Macht gesteuert. Ich war überrascht, dass die Erzieherin ihre Stimme nicht ein einziges Mal erheben musste. Dies war eindeutig die wohlerzogenste Kindergartengruppe, die ich je gesehen hatte – und dabei waren die Kinder erst weniger als einen Monat in dieser Gruppe.

Als die Kinder in den Bus stiegen, lehnte ich mich zur Erzieherin hinüber und raunte ihr zu: „Sie haben Glück, dass diese Gruppe so gut gehorcht."

Sie sah mich an und antwortete: „Oh nein, so ist *jede* Gruppe."

Ich muss ziemlich entgeistert ausgesehen haben und gab zurück: „Unmöglich. So *können* nicht alle Gruppen sein."

„Doch", sagte sie. „Alles hängt mit den Erwartungen zusammen, die man von Anfang an klar formuliert."

Als ich über ihre Bemerkung nachdachte, fiel mir auf, dass ein eindeutiger Rhythmus einer der wichtigsten Bestandteile ihrer Arbeit mit dieser Gruppe war.

Ein Rhythmus stellt bestimmte Erwartungen auf und schließt andere aus. Der Rhythmus, den sie etabliert hatte, beseitigte jede Unklarheit, wie der Ablauf auszusehen hatte. Die Kinder wussten, wann sie sich hinsetzen mussten, wann sie aufstehen sollten, wie sie höflich eine Frage stellten. Sie kannten den Tagesablauf, wussten, wann es Mittagessen gab, wann Zeit zum Vorlesen war und wann der Mittagsschlaf anstand. (Erinnern Sie sich noch an Mittagsschlaf?)

Und wenn man es genau betrachtet, prägen die Rituale Ihrer Familie sogar gleichzeitig auch noch Ihre Werte. Denken Sie einmal darüber nach. Rituale bestimmen, was toleriert wird und was nicht. Rituale geben bei Ihnen zu Hause vor, worüber miteinander gesprochen wird und worüber nicht.

Rituale prägen die Werte innerhalb unserer Familie.

Jede Familie hat normale Gesprächsabläufe. Und wenn sich diesbezüglich eine gewisse Routine einstellt, wird ein Großteil der täglichen Gespräche austauschbar: Hast du dir die Zähne geputzt? Hast du deine Hausaufgaben gemacht? Was gibt's zum Essen?

Nach der Schule klingt die Unterhaltung häufig so: „Irgendwas Besonderes heute in der Schule?"

„Nö."

Unser Rhythmus kann uns von tief gehenden Gesprächen ablenken – oder er kann uns dort hinleiten.

Rituale bestimmen, worauf Wert gelegt wird. Denn was zu unserem täglichen Rhythmus gehört, wird von unserer Familie unweigerlich für besonders wichtig erachtet. Unser Rhythmus drückt still aber deutlich aus, was für uns von Belang ist.

Manches mag uns als Eltern prinzipiell wichtig sein, aber wenn wir es nie in unseren Familienrhythmus integrieren, wird es für unsere Kinder keine große Bedeutung haben. Sport mag zum Beispiel einem Elternteil grundsätzlich wichtig sein, aber warum sollten Kinder ihn zu schätzen wissen, wenn bei ihnen nie jemand im Garten Fußball spielt, einen Spaziergang im Park unternimmt, eine Frisbeescheibe wirft, aufs Laufband steigt oder ins Stadion fährt? Wenn er nicht Teil Ihrer Wochenstruktur ist, gehört Sport auch nicht zu Ihrer Realität.

Das gute Geschirr

Was tagtäglich bei Ihnen zu Hause geschieht, legt fest, was in Ihrer Familie normal ist. Vielleicht ist es normal, jeden Sommer zelten zu fahren. Oder es ist normal, dass es zu Weihnachten Gans und jeden Samstag Frikadellen zu essen gibt. Normal könnte sein, zur Schule zu gehen, anschließend eine Stunde Hausaufgaben zu machen, einmal im Monat ins Kino zu gehen, jeden Freitagabend Freunde einzuladen und zu wissen, dass Papa großen Wert darauf legt, sein Auto gut in Schuss zu halten. Eltern bestimmen, was normal ist, indem sie den Lebensrhythmus ihrer Familie festlegen.

Und jetzt stellt sich die große Frage: Wie normal ist Gott bei Ihnen zu Hause?

Ich weiß, das klingt nach einer etwas seltsamen Frage. In unserer heutigen Kultur *ist* sie auch seltsam. Aber wir werden gleich sehen, dass Gott möglicherweise gar nicht will, dass sie uns komisch erscheint.

Als wir geheiratet haben, bekam man noch üblicherweise teures Geschirr zur Hochzeit geschenkt. Heute wundern wir uns, warum das damals so wichtig war, weil wir es kaum jemals benutzen.

Für unsere Kinder gehört das Geschirr nicht zum normalen Alltag, weil wir es nur selten überhaupt aus dem Schrank holen. Wenn wir den Tisch damit decken, wissen die Kinder, dass wir einen besonderen Gast erwarten. Alle fragen sich dann insgeheim, ob wohl etwas kaputtgehen wird und sind ein bisschen angespannt.

Aus diesem Grund hat unser gutes Geschirr einen großen Teil unseres Familienlebens nicht miterlebt. Es hat fast alle unsere Gespräche beim Abendessen verpasst, unser Gelächter, die Kissenschlachten und einige brüllend komische Situationen zu viert und mit Freunden. Es hat all die Streiche verpasst, die wir einander gespielt haben, das Knabbern beim Fernsehgucken, unsere Streitereien, die Tränen und jeden scheinbar nicht zu kurierenden Schluckauf. Es hat so ziemlich alles verpasst. Wenn Sie meine Kinder fragen würden, ob sie das Geschirr eines Tages erben möchten, würden sie vermutlich ablehnen. Es gehört einfach nicht zu unserem Leben. (Bitte fragen Sie unsere Kinder aber nicht nach dem Flachbildfernseher …)

Wir holen das gute Geschirr nicht oft heraus, weil es einmal teuer war. Es ist in dem Sinne wichtig, wie wertvolle Dinge eben wichtig sind. Unseren Alltag sieht es aber nicht besonders häufig.

Manche von uns sind mit einem ebensolchen Glauben aufgewachsen. Gott war irgendwie wichtig, aber im Familienalltag kam er nicht häufig vor.

Viele Kinder wachsen in einer Familie auf, in der man nie über den Glauben spricht. Man geht sonntags nicht zum Gottesdienst und redet in der Woche nicht über ihn. Er gehört einfach nicht zum alltäglichen Rhythmus.

Andere wachsen in einer Familie auf, in der Gott zwar fest zum Sonntagsrhythmus gehört, aber genau wie das gute Geschirr an keinem anderen Tag der Woche vorkommt. Man betet nicht vor dem Essen. Gott kommt in den Alltagsgesprächen nicht vor. Es ist nicht erkennbar, dass der Sonntagsgott irgendeinen Anspruch an den Alltag stellt. Solchen Kindern bleibt er ein Rätsel. Sie wissen, dass er wichtig ist. Sie glauben auf bestimmte Art, dass er einen hohen Stellenwert einnimmt. Aber genau wie das feine Geschirr sieht Gott nicht viel vom Familienleben.

Andere wachsen in einer Familie auf, in der Gott zwar fest zum Sonntagsrhythmus gehört, aber genau wie das gute Geschirr an keinem anderen Tag der Woche vorkommt.

Manche wachsen in einer christlichen Familie auf, in der Gott zum Lebensrhythmus gehört. Und für manche von uns hatte dieser Rhythmus einen komischen Beigeschmack. Wohlmeinende Eltern holten immer nach dem Abendessen die große Bibel hervor, aus der ein Abschnitt gelesen und Fragen dazu beantwortet wurden. Ich habe das auch ausprobiert und alles war gut, bis es peinlich wurde, weil niemand meine Fragen beantwortete und alle nur noch aufstehen wollten. Es wirkte aufgesetzt und nicht so, als hätte es etwas mit unserem täglichen Leben zu tun. Unser Glaube fühlte sich so an, als tauchten wir ein in eine andere Welt, ohne dass er ganz natürlich mit unserem Leben verwoben war.

Das ist der Unterschied zwischen einem Gott, der mitten in der Familie seinen Platz hat oder oben im Regal steht und nur zu besonderen Gelegenheiten heruntergeholt wird.

Alltagsglaube

Wenn wir noch einmal zu Mose blättern, stellen wir fest, dass dem Volk Israel gerade der Übergang aus einem kulturellen Rhythmus in einen anderen bevorstand.

Sie waren vierzig Jahre lang durch die Wüste gewandert. Es ist nicht leicht, in einem solchen Zeitraum, der eine ganze Generation umfasst, jeden Tag durch die Wildnis zu laufen. Aber das Gute war, dass die Leute in den alltäglichsten Dingen ziemlich abhängig waren von Gott. Man ernährt nicht tagtäglich Hunderttausende von Menschen in der Wüste ohne Gottes Unterstützung.

Eine Generation lang erlebten sie tatsächlich *täglich*, wer Gott ist und wie *abhängig* sie in allem von ihm waren. *Jeden Tag* waren sie auf das Manna angewiesen. *Jeden Tag* schwebte die Wolke über ihnen und zeigte ihnen den Weg. *Jeden Abend,* wenn sie ins Bett gingen, erschien die Feuersäule.

Diese Nomaden kannten einen Gott, der in ihrem *Alltag* sehr gegenwärtig war.

Bedenken Sie, dass Eigenständigkeit noch ein recht junges Phänomen ist: Damals gab es keine Schnellrestaurants, keine Computer, keine Mobiltelefone, keine Kinos, keine Videospiele, keine Konzerte, keine iTunes, iPods, iPhones, keine Digitalfotografie, keine Jetskis, keine Sportschau, keine Toiletten, keine klimatisierten Gebäude, nicht einmal Tchibo. Mal ehrlich, diese Leute waren auf Gott *angewiesen* – und er stellte sich ganz offensichtlich zu ihnen.

Aber Mose wusste sehr genau, dass ihre derzeitigen Lebensumstände nicht lange andauern würden. Man könnte seine Worte auch folgendermaßen übersetzen: „Wenn ihr diese Wahrheit in den Herzen eurer Kinder verankern wollt, müsst ihr in euren Familien bewusster *einen Rhythmus entwickeln.* In Zukunft wird es eine Menge Dinge geben, die euch ablenken. Ihr werdet euch niederlassen. Ihr werdet Wohlstand haben. Ihr werdet euch mit anderen Dingen beschäftigen. Das Leben wird anstrengend und ihr werdet erleben, wie leicht man einen *alltagsrelevanten* Glauben aus dem Blick verliert."

Mose wusste, dass die Familien in Kanaan …

> … viel bewusster Rituale entwickeln mussten, die einen Alltagsglauben weitertragen,
> … sichtbare Erinnerungen an Gottes Macht und Gegenwart brauchten und
> … innovativer werden mussten, wie und wann sie Gottes Geschichte erzählten.

Was in den vergangenen Jahrzehnten eine ganz natürliche, instinktive Haltung gewesen war, musste unter den zukünftigen Lebensbedingungen bewusst und beharrlich bewahrt werden.

Mose erkannte die Gefahr eines begrenzten Glaubens. Er wusste, dass die tägliche Gottesbeziehung im Laufe der Zeit auf einen bestimmten Teil des Tages, der Woche und schließlich des Monats beschränkt werden würde. Er vermutete, die Tendenz würde dahin gehen, Gott in einen begrenzten Bereich des Lebens zu verbannen, statt ihn als Kraft wahrzunehmen, die *alle* Lebensbereiche beeinflusst. Er befürchtete, die Gesellschaft würde Gott eines Tages nur noch als kleineren Teil der Kultur und des Lebens begreifen.

Was Mose hier über die Familie sagt, wirkt auf den ersten Blick so banal, dass man sich fragt, warum er es überhaupt erwähnte. Aber in Wirklichkeit war er bemerkenswert weitsichtig, ja er hat quasi eine göttliche Offenbarung der Zukunft erlebt.

Seine Worte betreffen alle Generationen. Sie wecken das Potenzial von Familien aus vielen verschiedenen Kulturen. In mancherlei Aspekten haben seine Gedanken über die Bedeutung der Familie für uns heute eine weit größere Bedeutung als für das hebräische Volk damals. Ich bin sicher, dass von den damaligen Zuhörern manche Eltern dachten: *Haben wir das nicht schon immer so gemacht? Wir haben immer schon morgens, tagsüber und abends darüber gesprochen. Wie kann man durchmachen, was wir erlebt haben und nicht darüber reden?*

Aber die Dinge standen im Begriff sich zu verändern. Das Volk war auf dem Weg in das verheißene Land. Wenn wir, die wir heute im Westen leben, ehrlich sind, müssen wir uns eingestehen, dass wir selbst ebenfalls fast wie in einem verheißenen Land leben. Nicht wirklich viele von uns treten morgens aus ihrem Zelt, um nachzuschauen, ob wieder Manna auf dem Boden liegt. Wir besitzen mehr als fast jede andere Generation der Menschheitsgeschichte.

Es ist typisch für uns Menschen (und besonders für uns, die wir mehr besitzen), uns ein Bild von Gott zusammenzubasteln, das so eng definiert ist, dass es von der Kultur völlig losgelöst ist. Statt zu sehen, dass alles irgendwie mit Gottes Geschichte zusammenhängt, sortieren wir unseren Glauben in bestimmte Kategorien. Theologen und Gemeindeleiter definieren Grenzen zwischen dem, was geistlich ist und was nicht. Sie legen mit bestimmten Begriffen und Auslegungen fest, wie Gott wirkt und wie nicht. Fast so, als teilten sie Moses Ängste vor Kanaan:

Man wird Gott vergessen.

Ewige Wahrheiten werden verschleiert werden.

Der Glaube ganzer Generationen wird aussterben.

Und steht nicht genau das in mancherlei Hinsicht auf dem Spiel? Passiert nicht genau das?

Voller Leidenschaft plädiert Mose dafür, zentrale Wahrheiten über Gottes Charakter in die Herzen der Kinder zu pflanzen.

Manche Übersetzungen gebrauchen die Formulierung „deinen

Kindern einschärfen" (5. Mose 6,7, ELB). Im Hebräischen bedeutet „lehren" oder „einschärfen" eigentlich jedoch „zum Lernen anregen"[1]. Das geht über den reinen Unterricht hinaus, in dem die Verantwortung des Lehrenden endet, nachdem die Inhalte präsentiert wurden. Mose spricht hier von einem systematischen Lernprozess, der andauert, bis der Kern verstanden und verinnerlicht wurde.

Mit anderen Worten: Er hofft, dass die Kinder es tatsächlich begreifen. Darin steckt die ernüchternde Erkenntnis, wer schlussendlich für die Weitergabe der ewigen Wahrheiten verantwortlich ist: nicht Mose oder das Kind, sondern die Eltern. Sie müssen am Ende dafür geradestehen, was die Kinder lernen. Familie hat in Gottes Plan schon immer eine zentrale Rolle gespielt.

Was Mose hier für das hebräische Volk anstößt, war äußerst strategisch gedacht. *Er baut auf dem Schöpfungsplan auf und nutzt ihn, um einen beständigen Glauben anzufachen.* Das ist so einleuchtend wie genial. Das Prinzip von einem bewussten Rhythmus lässt sich zu jeder Zeit auf jede Kultur anwenden.

Jede Volksgruppe der Welt steht mit dem Sonnenaufgang auf, durchlebt den Tag, isst gemeinsam und schläft in der Nacht. So ist der Lauf der Dinge. Diese umfassende Lebensstruktur, dieser Rhythmus, stößt einen Prozess an, der den Verstand herausfordert und das Herz beflügelt. So, wie uns das *Sch'ma* für unsere Beziehung zu Gott einen Fokus verleiht (siehe Kapitel 4), so geben uns diese Anweisungen eine *Struktur* für unser alltägliches Leben an die Hand, die unsere Beziehungen gedeihen lässt. Mose nannte ganz bewusst bestimmte Gewohnheiten und Zeiten, die sich zum Lernen besonders gut eignen.

Sehen wir uns 5. Mose 6 noch einmal genauer an:

Prägt sie euren Kindern ein! Redet immer und überall davon, ob ihr zu Hause oder unterwegs seid, ob ihr euch schlafen legt oder aufsteht. Schreibt euch diese Worte zur Erinnerung auf ein Band, und bindet es um die Hand und die Stirn! Ritzt sie ein in die Pfosten eurer Haustüren und Stadttore! [2]

Diese Struktur entspricht dem natürlichen Tagesablauf. Es ist fast so, als sage hier ein allgegenwärtiger und vollkommener Gott: *Ich bin nicht da, damit ihr mich oben ins Regal stellt oder im Schrank verschließt und mich nur zu besonderen Gelegenheiten entstaubt. Ich will Teil eures Alltags sein. Ich bin hier, um mit euch eine persönliche Beziehung zu führen.*

Zwar sollte jede Familie Rituale und Gewohnheiten finden, die am besten in ihre Abläufe passen, aber zugleich empfehlen wir Familien die vier Zeiten, die in diesem Abschnitt erwähnt werden, um den Glauben ihrer Kinder zu stärken. Jede dieser Zeiten hat ihre besonderen Chancen, um einen Bereich des Glaubens zu vermitteln und alle vier Zeiten lassen die Eltern immer wieder eine andere Rolle einnehmen.

Überlegen Sie einmal, wie Sie diese vier Anregungen umsetzen können:

Gemeinsame Mahlzeiten sind der ideale Zeitpunkt für tiefgehende Gespräche. Sie ermöglichen Eltern, für eine gewisse Zeit die Rolle eines Moderators oder Lehrers einzunehmen, um interaktiv und auf Beziehungsebene eine konkrete Wahrheit zu vermitteln. Beim gemeinsamen Essen herrscht eine Atmosphäre, in der man als Familie bestimmte zentrale Prinzipien und Werte miteinander besprechen kann. Die Schlüsselworte lauten dabei „miteinander besprechen“. Liebe Väter, bitte stellt kein Flipchart auf und präsentiert euren Kindern drei Unterpunkte. Wir haben verschiedene Aktionen, Gesprächsanregungen und Spiele entwickelt, die einmal wöchentlich vor, während oder auch nach einer Mahlzeit eingesetzt werden können. Sie sollen auf natürliche Weise in Ihren Familienablauf einfließen und Spaß machen und keine Lehreinheit sein. Wir benutzen ein interaktives System, das uns als Familie hilft, zwölf oder mehr zentrale Wahrheiten, die unseren Glauben, unsere persönliche Entwicklung und unsere Beziehungen betreffen, immer wieder zu durchdenken.

Gemeinsame Spaziergänge und Reisen bieten ebenfalls gute Möglichkeiten. Man kommt ungezwungen ins Gespräch und Kinder werden angeregt, über ihre persönlichen Fragen zu reden. Durch solche offenen Situationen lässt sich die Beziehung gut vertiefen. Ab einer bestimmten Ebene können Sie als Vater und Mutter dann tatsächlich fast wie ein Freund oder Kamerad mit Ihren Kindern über das Leben sinnieren. (Heutzutage können dafür auch längere Fahrten dienen. Gameboy, Handy und Musik sind zwar natürliche Feinde, aber kreative Eltern knüpfen auch daran interessante Fragen und Gespräche an.)

Die Kinder ins Bett zu bringen kann ebenfalls zu einem wichtigen Familienritual werden. Viele Eltern verpassen leider diese Gelegenheit, weil sie ihre Kinder eigenständig ins Bett schicken, statt sie zu bringen. Weil das eigene Zimmer immer auch die Privatsphäre des Kindes ist, entstehen dort häufig ganz persönliche Gespräche, in denen die Eltern die Chance haben, als Ratgeber in das Herz ihres Kindes zu blicken. (Hat Ihr Kind schon einmal wütend die Tür seines Zimmers zugeknallt? Das ist, als würde es sagen: „Ich bin sauer und schließe dich jetzt aus." Die Zimmertür Ihres Kindes ist ein wichtiges Symbol, das man sich offenhalten sollte.)

Der Tagesanfang ist wie ein frisches weißes Blatt für die Beziehungen untereinander. Er birgt die Chance, einen wichtigen emotionalen Samen in das Herz eines Kindes zu säen. Ein paar ermutigende Worte – geschrieben oder gesprochen – können Ihrem Kind Selbstwertgefühl und Sinn vermitteln. Stellen Sie sich vor, Sie wären Trainer und würden Ihre Kinder zu einem wichtigen Spiel schicken. Als Vater oder Mutter sollten Sie sich immer fragen: „Was kann ich tun oder sagen, um sie in dem zu unterstützen, was ihnen heute begegnen wird?“ (Die meisten Lehrer werden Ihnen bestätigen, dass sie daran, wie ein Kind den Klassenraum betritt, erkennen können, ob zu Hause alles in Ordnung ist.)

FAMILIENZEITEN

Zeitpunkte	Kommunikationsform	Rolle	Ziel
Mahlzeiten	Konzentrierter Austausch	Lehrer/in	Werte entwickeln
Autofahrten	Lockere Unterhaltung	Freund/in	Die Welt erklären
Zubettbringen	Persönliches Gespräch	Ratgeber/in	Vertrauen stärken
Tagesanfang	Ermutigende Worte	Trainer/in	Sinn vermitteln

Wenn Familien solche Zeiten nutzen, die ohnehin fester Bestandteil ihres Wochenablaufs sind, entstehen Gespräche häufig auf natürlichere Weise. Geistliche Themen kommen automatischer auf. Diese wichtigen Gespräche wirken dann weniger aufgesetzt, sondern gehören einfach zum Alltag dazu. Auf diese Weise dient der bestehende Lebensrhythmus dem wichtigsten Ziel.

Der Gewinn eines solchen Rhythmus' kann enorm sein und weit über den Alltag hinausgehen. So erkannten die Hebräer nicht nur ihren Tagesrhythmus, sondern besannen sich auch auf ihren Wochen- und Jahresablauf. Sie reservierten den Sabbat, um Gott anzubeten und zu ehren. Sie legten Festtage wie Passah fest, um sich an Gottes Treue zu erinnern und sie zu feiern. Aus diesem Rhythmus entstand eine Kultur, die reich an Traditionen war und in die sich ihre Geschichte und Identität als Volk einbettete. Und vor allem bot dieser Rhythmus den Familien die Chance, ihren Glauben und ihre Beziehungen an vorderste Stelle zu setzen. Plötzlich wurde Gott Teil ihres alltäglichen Lebens.

Um Rituale zu schaffen, müssen wir Prioritäten festlegen. Eine Priorität ist nichts anderes als eine Vorentscheidung über den Umgang mit unserer Zeit. Eltern haben einen Vorteil, was dieses Thema angeht. Zumindest bis die Kinder einen Führerschein haben, können wir die Beziehung zu ihnen dadurch vertiefen, wie wir unsere Zeit einteilen.

Führen Sie sich einmal folgenden Gedanken vor Augen: Die besten Gemeinden in Ihrer Umgebung bieten Ihren Kinder im Jahr ungefähr 40 Stunden Programm, wenn sie an allen Angeboten teilnehmen. Das sind wichtige Zeiten, in denen andere Menschen aus dem größeren Kreis den Glauben Ihres Kindes prägen. Aber es sind nur 40 Stunden. Der typische Viertklässler, der in einer Gemeinde integriert ist und dort 40 Stunden lang Prägung erfährt, verbringt ungefähr 400 Stunden desselben Jahres mit Videospielen.

Was ist mit Ihrer Zeit zu Hause? Eine normale Gemeinde hat nur 40 Stunden Zeit, um auf Ihr Kind Einfluss zu nehmen – als Eltern haben Sie jährlich fast 3.000 Stunden dafür zur Verfügung. Lassen Sie diese Chance nicht ungenutzt. Wir wiederholen es hier noch einmal, um sicherzugehen, dass Sie über diesen Gedanken nicht hinweglesen: Sie haben jedes Jahr ungefähr 3000 Stunden Zeit, um mit Ihren Kindern zu reden, zu spielen und festzulegen, was wirklich wichtig ist. Darum sagen wir den Eltern in unseren Gemeinden regelmäßig: „Was bei euch zu Hause passiert ist viel wichtiger als das, was in der Gemeinde passiert." Allein, weil Sie so viel mehr Zeit zur Verfügung haben, können Sie Ihre Kinder unglaublich tief prägen. Darum ist es so wichtig, dass Sie als Eltern vorher festlegen, wie Sie diese Zeit füllen wollen.

Was bei euch zu Hause passiert ist viel wichtiger als das, was in der Gemeinde passiert.

Aber Zeit allein lässt nicht automatisch einen Lebensrhythmus entstehen, der Ihre Kinder positiv beeinflusst. Dafür ist mehr nötig, als einfach als Familie gemeinsam Zeit zu verbringen. Rituale enthalten zwei wichtige Komponenten: Absicht und Regelmäßigkeit. Er hat eine feste, gleichmäßige Struktur. Um einen musikalischen Rhythmus zu erzeugen, müssen Töne gezielt hervorgebracht und in einer regelmäßigen Abfolge wiederholt werden. Ein Rhythmus entsteht weder ohne bewusst erzeugte Töne noch ohne Regelmäßigkeit.

Moses Ausführungen ähneln dem Rhythmusprinzip aus zweierlei Gründen: Erstens, um jemanden zu prägen oder um ihm zu vermitteln, was wichtig und zentral ist, braucht es eine Absicht, ein bewusstes Vorgehen. Zweitens sollte dieses Vorgehen regelmäßig stattfinden und dadurch langsam zu einer festen Struktur werden. Die Zeiten, die Sie als Familie gemeinsam verbringen, sollten interaktiv und bewusst gestaltet werden. Wenn beides zutrifft, erhöhen Sie damit die Auswirkungen, die Ihre gemeinsame Zeit mit den Kindern haben werden.

Viele wertvolle Momente

Die entscheidende Frage lautet nicht, ob wir lieber viel Zeit miteinander verbringen sollten oder ob wir besonders wertvolle gemeinsame Momente – sogenannte Quality Time – brauchen. Unser Ziel sollte sein, eine Vielzahl wertvoller gemeinsamer Momente zu schaffen.

Manche argumentieren, dass Familien einfach sehr viel zusammen sein sollten, egal was sie in dieser Zeit machen. Andere meinen, es gehe nicht so sehr um die Länge der Zeit, sondern wie man sie verbringt. Mose weist in diesem Abschnitt darauf hin, dass sowohl die Länge der Zeit als auch die Besonderheit der Momente eine Rolle spielen. Wenn wir mehr tief gehende Momente miteinander verbringen, haben wir mehr Chancen, den Glauben unserer Kinder positiv zu beeinflussen.

Das erinnert mich (Reggie) an meine Beziehung zum Fitnesscenter bei uns in der Nähe. Ich bin Mitglied dort, unser Büro grenzt direkt daran, ich kann es von meinem Fenster aus sehen und sitze jeden Tag nebenan. Es ist vielleicht schwer nachvollziehbar, aber manchmal habe ich tatsächlich das Gefühl, ich werde allein dadurch sportlicher, dass ich meinen Monatsbeitrag bezahle und viel Zeit ganz in der Nähe anderer Leute verbringe, die Sport treiben. Es gibt dort zudem einen schicken Eingangsbereich, in dem ich schon öfter gesessen und an meinem Laptop gearbeitet habe. Das Problem ist nur: Im Fitnessstudio zu sitzen, nützt meiner Gesundheit gar nichts. Wir tappen in eine ähnliche Falle, wenn wir glauben, wir müssten nur viel Zeit gemeinsam als Familie verbringen.

Vor ein paar Jahren hatte ich ein schlechtes Gewissen, weil ich seit mehreren Monaten überhaupt keinen Sport getrieben hatte. Eines Morgens stand ich daher früh auf und ging ins Fitnesscenter. Ich wollte mein Nichtstun kompensieren und war hochmotiviert. Das gab mir Energie, und als ich mit all meinen Übungen fertig war, fing ich einfach wieder von vorne an.

Ich hatte großen Spaß und verausgabte mich einige Stunden lang an den Geräten. Anschließend fühlte ich mich richtig gut – aber am nächsten Morgen erwachte ich mit Schmerzen überall an meinem Körper. Meine überstrapazierten Muskeln hatten sich verkrampft und ich konnte mich kaum bewegen. Ich brauchte einige Wochen lang physiotherapeutische Behandlung, bis alles wieder normal war. In eine ähnliche Falle tappen wir, wenn wir glauben, es zählten nur die wertvollen gemeinsamen Momente.

Unser Fitnessstudio hat ein Programm, das „Fit Link" heißt. Bevor man mit dem Sport anfängt, loggt man sich am Eingang in einem Computerterminal ein. Dieser Computer ist mit den Monitoren an den Geräten verbunden und hält fest, welche Gewichte man wie oft hebt. Wenn man zu schnell oder zu langsam ist, piept es. Beim nächsten Besuch errechnet der Computer anhand der letzten Einheit, was man dieses Mal erreichen sollte. Er teilt einem automatisch schwerere Gewichte zu und passt an jedem Gerät die Anzahl der Übungen an. Wenn man nicht erscheint, erhält der Trainer eine Nachricht und erinnert einen an den regelmäßigen Termin. Warum? Weil irgendjemand in diesem Fitnessstudio der festen Überzeugung ist, dass man nur dann fit wird, wenn man regelmäßig in einem angemessenen Maße Sport treibt. Und das ist dieselbe Überzeugung wie die, dass Familien eine Vielzahl wertvoller gemeinsamer Momente brauchen.

Es reicht nicht, als Familie einfach nur zusammen zu sein, wenn diese Momente nie bewusst geplant oder mit tief gehenden Inhalten gefüllt sind. Es geht nicht allein um die Menge der Zeit und eine Vielzahl an verpassten Gelegenheiten lässt sich auch nicht dadurch kompensieren, dass man einmal im Jahr lange in Urlaub fährt. Ebenso wenig geht es nur um die Qualität der gemeinsam verbrachten Zeit. Familien müssen zum einen bewusst planen, wie sie ihre gemeinsame Zeit verbringen wollen und dies zum anderen regelmäßig tun. Kurz gesagt: Sie müssen Rituale entwickeln.

Eigene Rituale entwickeln

Wir finden es spannend, dass Gott sich bereits einen Rhythmus für Ihr Familienleben ausgedacht hat: Jeder muss essen, sich fortbewegen, zu Bett gehen und aufstehen. Aber nur die wenigsten Familien nutzen solche Momente zu einem tieferen Zweck. Gespräche über Gott und die Welt in den Wochenplan zu integrieren, bedeutet daher meistens eine Veränderung. Da die wenigsten mit dem Rhythmus aufgewachsen sind, den Mose im Sinn hatte, sind einige Vorüberlegungen nötig, um solche Momente einzuführen.

Hier sind ein paar praktische Gedanken, die Ihnen dabei helfen sollen.

Überlegen Sie sich, in welche Richtung sich Ihre Kinder entwickeln sollen

Eine der wichtigsten Fragen, die man sich als Eltern stellen kann, ist folgende: „In welche Richtung sollen sich meine Kinder einmal entwickeln?“ Wer sich diese Frage beantwortet hat, kann die Gespräche und Familienabläufe vor diesem Hintergrund bewerten.

Auch Jesus hat das jeweilige Ziel immer klar formuliert, damit seine Nachfolger sich auf das Wesentliche konzentrieren konnten.

Und er beherrschte die Kunst, das zu betonen, was wirklich zählt. Ich wünschte, ich wäre dabei gewesen, als die Pharisäer zu ihm kamen und ihn löcherten. Die Pharisäer ließen damals gerne ihre geistlichen Muskeln und ihren theologischen Intellekt spielen. Wann immer sich ihnen die Gelegenheit bot, jemanden, der ihre Identität infrage stellte, in ein schlechtes Licht zu rücken, nutzten sie die Chance. Matthäus 22 ist dafür ein gutes Beispiel. Nachdem Jesus die Sadduzäer zum Schweigen gebracht hatte, setzten sich die Pharisäer zusammen, um einen Weg zu finden, wie sie ihm ein Bein stellen konnten. „Ein Schriftgelehrter fragte ihn: ‚Lehrer, welches ist das wichtigste Gebot im Gesetz Gottes?‘“[3]

Jesus hat das jeweilige Ziel immer klar formuliert, damit seine Nachfolger sich auf das Wesentliche konzentrieren konnten.

Betrachten wir die Situation einmal aus Gottes Perspektive. Ein Pharisäer, der als Experte zu allen Themen galt, die Gott betrafen, stellt Jesus, dem menschgewordenen Gott, eine Fangfrage. Wahrscheinlich hatte er keine Ahnung, dass er *mit* Gott sprach. Jesus zieht als Antwort ein Gesetz aus der Tasche, das er 1.500 Jahre zuvor Mose auf dem Berg gegeben hatte. In 5. Mose hatte es eine ganz neue Bedeutung erhalten und jetzt hebt Jesus es auf einen noch höheren Sockel: „Du sollst den Herrn, deinen Gott, lieben von ganzem Herzen, mit ganzer Hingabe und mit deinem ganzen Verstand!“[4]

Haben Sie gemerkt, was hier passiert? Jesus spielt die Pharisäer mit Mose aus. Für sie wird es gerade ziemlich unangenehm. Er führt nicht nur das Sch'ma an, sondern stellt es auch noch in einen neuen Zusammenhang. Ich bin nicht sicher, was dann geschah, aber ich stelle es mir so ähnlich vor: Ein paar Leute applaudierten vielleicht. Die Jünger atmeten erleichtert durch. Die Pharisäer fühlten sich sichtbar unbehaglich. Es entstand eine bedeutungsvolle Stille.

Und dann sagte Jesus: „Und ..."

Thomas bekam Schweißausbrüche. Er war ohnehin schon nervös. Er dachte vermutlich: *Wie bitte? Nach dem Sch'ma gibt es kein „und"! Könnte Jesus jetzt bitte aufhören, Moses Worte für diese Auseinandersetzung zu benutzen? Sonst gibt es hier gleich richtig Ärger.*

Aber Jesus redet weiter. Er will etwas klarstellen, das vor allem die Pharisäer betrifft. Darum sagt er: „Ebenso wichtig ist aber das Zweite: ‚Liebe deinen Mitmenschen wie dich selbst!' Alle anderen Gebote und alle Forderungen der Propheten sind in diesen Geboten enthalten."[5]

Im Grunde hängt Jesus hier einen zweiten Teil an das Sch'ma. Er erklärt drei wichtige Beziehungen zur Priorität: die zu Gott, zu anderen Menschen und zu sich selbst. Er erläutert allen, dass ihre Beziehung zu Gott alles andere beeinflusst.

Wir glauben, dass es drei Themen gibt, die mit diesem Abschnitt zusammenhängen und helfen, wichtige Themen für unsere Familien und Gemeinden festzulegen. Wir nutzen die folgenden drei Begriffe, um uns daran zu erinnern, wohin sich unsere Kinder entwickeln sollen:

- Staunen
- Leidenschaft
- Entdecken

Liebe den Herrn, deinen Gott ... Wäre es nicht großartig, wenn Ihre Kinder mit einem Staunen über Gott und seine Liebe zu ihnen aufwachsen würden? Was, wenn sie verinnerlichen würden, dass Gott so groß ist, dass er sie durch wirklich alle Lebensumstände sicher hindurchführen kann? *Wir wollen, dass unsere Kinder zu Menschen werden, die eine enge Beziehung mit Gott führen.*

Liebe deinen Mitmenschen … Wäre es nicht großartig, wenn Ihre Kinder eine Leidenschaft entwickelten, die sie motivierte zu tun, was Jesus auf der Erde tat? Was, wenn sie verinnerlichen würden, dass sie dafür geschaffen sind, persönlich Teil von Gottes Geschichte zu werden und jeder Generation seinen Rettungsplan näherzubringen? *Wir wollen, dass unsere Kinder zu Menschen werden, die andere so lieben, wie Gott es tut.*

… wie dich selbst. Wäre es nicht großartig, wenn Ihre Kinder dahin gebracht würden, dass sie einen Lebensstil führen, in dem es um Entdeckungen geht, in dem ihre Identität von ihrer persönlichen Beziehung zu Jesus geprägt ist und sie durch seine Wahrheit geleitet werden? *Wir wollen, dass unsere Kinder zu Menschen werden, die sich selbst so sehen, wie Gott sie sieht.*

Jesus hat jedes Lebensprinzip auf diese drei Beziehungen zurückgeführt. Er hat näher erläutert, was Mose gelehrt hat und uns ein klares Ziel vor Augen gestellt, wohin sich unsere Kinder entwickeln sollen. Dieser Abschnitt klärt die Rahmenbedingungen für einen Rhythmus, mit dem wir den Glauben und Charakter unserer Kinder positiv beeinflussen können.

Denken Sie weiterhin orange

Bisher war dieses Kapitel dunkelrot, denn wir haben ziemlich ausführlich den Kern von Familie und Erziehung beleuchtet. Jetzt könnten Sie denken, wir hätten die Gemeinde völlig aus dem Blick verloren. Dem ist aber nicht so. Der Rhythmus, über den wir gesprochen haben, wird zwar in der Familie gelebt, aber die Gemeinde spielt darin eine entscheidende Rolle. Zur Erinnerung: Wenn Ihr Kind von beiden Seiten beeinflusst wird – von einer liebevollen Familie und dem Licht einer Gemeinde – dann ist das der Faktor Orange. Nicht nur weil wir Pastoren sind, sondern auch als Väter halten wir es für wichtig, dass die Teilnahme an den Veranstaltungen einer Glaubensgemeinschaft zu Ihrem regelmäßigen Wochenablauf gehört. Sogar eines der Zehn Gebote betont, wie wichtig es ist, sich einen Tag pro Woche für das geistliche Leben Ihrer Familie vornehmlich Zeit zu nehmen.

Die richtige Gemeinde kann Ihnen helfen, die Rituale zu entwickeln, die zu tief gehenden Erlebnissen mit Ihren Kindern führen. Die Gemeinde kann außerdem bei Fragen in dieser Richtung helfen: Wie beginnt man ein Gespräch über geistliche Themen? Wie stärkt man die Persönlichkeit von Kindern? Wie erklärt man komplizierte Zusammenhänge? Gemeinden investieren jede Woche Zeit und Energie, um Kindern den Glauben nahezubringen. Da ist es nur logisch, dass sie auch wertvolle Hilfen bieten, um den Glauben und die Persönlichkeit unserer Kinder zu stärken.

Die richtige Gemeinde kann Ihnen helfen, die Rituale zu entwickeln, die zu tief gehenden Erlebnissen mit Ihren Kindern führen.

Arbeiten Sie mit Ihrer Gemeinde zusammen.

Ist es möglich, dass Sie in Erfahrung bringen, was Ihre Kinder in der Gemeinde lernen und das zu Hause vertiefen? Ist es denkbar, dass die drei Beziehungsthemen, die Jesus betonte (Matthäus 22), sowohl in Ihrer Familie als auch in Ihrer Gemeinde zentrale Inhalte sind? Immer mehr Gemeinden haben es sich zur Aufgabe gesetzt, Eltern zu helfen, ihren Kindern den Glauben nahezubringen und einen gezielten Familienrhythmus einzuüben. Um dieses Konzept noch weiter bekannt zu machen, gibt es passend zu *Gemeinsam Kinder stark* machen das Buch *Lebe Orange!*, das Gemeinden hilft, Konzepte zu entwickeln, wie sie mit Familien zusammenarbeiten können.

In etlichen Gemeinden bringen die Kinder keine sinnlosen Basteleien mehr aus dem Kindergottesdienst mit nach Hause, die anschließend an der Pinnwand hängen (und weggeworfen werden, wenn die Kinder mal nicht hinsehen). So süß wie sie waren, solche Mitbringsel müssen Materialien weichen, die Gespräche in der Familie anregen.

Viele Gemeinden geben den Kindern Gesprächsimpulse, Karten, Bibelgeschichten oder sogar Ideen für gemeinsame Projekte mit, die Eltern und Kindern helfen sollen, über wichtige Themen zu reden oder gemeinsam etwas Bestimmtes zu tun. Oft haben diese Materialien mit den Themen zu tun, über die in der Kleingruppe gesprochen wird, sodass Eltern auf bereits Gelerntes aufbauen können. Nutzen Sie solche Materialien, wenn Sie Ihnen begegnen, und beginnen Sie mit ihrer Hilfe wertvolle Gespräche.

Seit einem knappen Jahrzehnt entwickelt unsere Organisation *reThink* Werkzeuge für Gemeinden und Eltern, um tief gehende Erlebnisse in der Familie zu fördern, die die Persönlichkeit und den Glauben von Kindern stärken. Die entscheidende Frage dabei ist, wie das, was am Sonntag gelehrt wird, innerhalb der Woche zu Hause vertieft werden kann. Damit Eltern hier aktiv werden, müssen sie wirklich davon überzeugt sein, dass das, was in der Familie passiert, wichtiger ist als das, was Kinder in der Gemeinde lernen.

Bleiben Sie in Ihren Ritualen flexibel

Je jünger die Kinder sind, desto mehr Routine enthält der Alltag. Er mag sich chaotisch *anfühlen,* aber er wird nie strukturierter sein als mit Kindern bis zum Vorschulalter. Und auch bei Grundschülern lässt sich noch ein Alltagsrhythmus leben, der zielgerichtete Elemente enthält. Am besten versuchen Sie, vom Kindergartenalter bis zum Beginn der Mittelstufe die Aufmerksamkeit Ihrer Kinder so viel wie möglich anzusprechen.

Bis zum Grundschulalter ist es relativ leicht, das, worüber wir bisher nachgedacht haben, in Ihr Familienleben zu integrieren. Es wird für Sie vermutlich gut denkbar sein, bei den gemeinsamen Mahlzeiten, beim Zubettgehen, am Morgen und im Auto oder unterwegs über den Glauben zu reden. Das ist nicht viel anders, als sich Zeit dafür zu nehmen, gemeinsam Hausaufgaben zu machen, ein Brettspiel zu spielen oder zusammen eine Lieblings-CD zu hören. In dieser Phase erleben Familien ohnehin viel gemeinsam. Nebenbei über den Glauben und die Persönlichkeit prägende Themen zu reden, geschieht dann relativ natürlich. Wenn die Kinder klein sind, erleichtern Rituale das Gespräch auf bestimmte Themen zu lenken.

In der Mittelstufe ändert sich alles gewaltig. Zwei unserer festen Autoren bei *reThink* (Jon Williams und Greg Payne) haben einmal Kleinanzeigen formuliert, um deutlich zu machen, wie unterschiedlich verschiedene Altersstufen die Dinge sehen. Sie sollen auf humorvolle Weise anregen darüber nachzudenken, wie unsere Kinder ticken.

Weiblich, 14, ADSI (auf der Suche nach irgendetwas)
Ich suche jemanden, der mich so liebt, wie ich bin, aber kein Problem damit hat, wenn ich ihn nicht mag.
Ich mag: shoppen, telefonieren, Kino (wenn meine Freunde dabei sind), Pizza, Jonas Schneider.
Ich mag nicht: shoppen, telefonieren, Kino (wenn meine Freunde dabei sind), Pizza, Jonas Schneider.
Traumjob: Katzenbabys retten oder Tänzerin bei Beyoncé
Persönliche Ziele: Rausfinden, wer gesagt hat, dass ich gesagt habe, dass ich Jonas nicht mag, auch wenn das natürlich stimmt – außer er ruft an.

Mutter, 42, ADSM (auf der Suche nach guten Medikamenten)
Ich suche einen SMS-Übersetzer, Kinderpsychologen und jemanden, der mich umarmt und mir sagt: „Alles wird gut."
Ich mag: Gehorsam, Gespräche, die aus mehr als drei Wörtern bestehen, LIEBE, FREUNDLICHKEIT, VERSTÄNDNIS … (diese Liste ließe sich endlos fortführen).
Ich mag nicht: Mein Kind.
Traumjob: Zeitreisende.
Persönliches Ziel: Die Außerirdischen finden, die meine Tochter entführt haben.

Wie diese Kleinanzeigen zeigen, sind Teenager viel unabhängiger als früher – und unberechenbar. Der Familienrhythmus, der sich noch ein paar Jahre zuvor so natürlich eingestellt hatte, funktioniert nicht mehr. Als Eltern müssen wir nun kreativer werden. 15-Jährige bringt man nicht mehr ins Bett und Morgenmuffel bewirken, dass das Frühstück anders abläuft als früher.

Als Eltern müssen wir lernen, die normalen Verhaltensmuster unserer Kinder einzubeziehen. Es war eine große Umstellung für mich (Carey), als mein ältester Sohn dem Kindesalter entwuchs. Ich erinnere mich an einen bestimmten Moment, als mir klar wurde, dass ich mit ihm und seinem Bruder nicht immer mit Lego spielen würde. Ich hätte es vorher ahnen können, aber ich war bis dahin noch nie Vater von Teenagern gewesen. Es erwischte mich eiskalt. Was macht man mit Teenagern? In dieser Phase distanzieren sich die Kinder von ihren Eltern. Wie führt man trotzdem weiterhin eine Beziehung zu ihnen? Wie stärkt man sie? Manchen Eltern gelingt das ganz instinktiv. Mir nicht.

Also versuchte ich herauszufinden, was ihnen Spaß macht. Wir leben in der Nähe der Berge, wo man Ski fahren kann, und so fuhren wir einige Jahre lang gemeinsam Ski. In der Nähe liegt zudem ein See, und auch dort verbrachten wir einige Zeit miteinander. Aber man fährt im Winter natürlich nicht jeden Tag Ski und im Sommer nicht jeden Tag Boot. Das allein reichte nicht. Und mit jedem Tag mehr nehmen die Freunde im Leben der Kinder einen höheren Stellenwert ein. Mit Kindern im Teenageralter lebt man einfach nicht mehr im selben Rhythmus wie vorher.

Also schafft man neue Rituale. In dieser Phase funktionierten einzelne Aspekte der Familienstruktur besonders gut: Mahlzeiten, Fahrtwege und das, was ich „unstrukturierte Zeiten" nenne. In unserer Familie haben wir immer Wert auf das Abendessen gelegt. Wir saßen zwar nicht jeden Abend zu viert am Tisch, aber doch häufig, und bei uns eignen sich diese Zeiten großartig zum Reden (außerdem kocht Toni hervorragend, und ich bin zum Grillmeister avanciert). Die Mahlzeiten waren bei uns gute Gelegenheiten für Gespräche über wichtige Themen.

Aber jetzt, da unsere Kinder älter werden, stelle ich fest, dass die besten und tief gehendsten Gespräche im Auto und anderswo spontan entstehen. Auf langen Autofahrten oder wenn wir anders unterwegs sind und Zeit überbrücken müssen, stelle ich oft Fragen und versuche, das Gespräch in Richtung Glaube, Persönlichkeit, Leben und Erwachsenwerden zu lenken. Wahrscheinlich hilft dabei, im Auto keinen Blickkontakt zu haben. (Das nimmt ernsten Themen häufig die Schwere und Intensität.) Auf diese Weise haben wir uns schon häufiger hervorragend unterhalten.

Und ich habe noch einen anderen Zugang zu meinen Kindern gefunden: anwesend und ansprechbar zu sein. Das fällt mir gar nicht so leicht, weil ich gerne produktiv bin und Dinge am liebsten effizient erledige. Aber mir ist klar geworden, dass ich zwischendurch einfach den Stecker ziehen und zweckfrei anwesend sein muss. Denn: Je häufiger ich anwesend bin, desto mehr Gelegenheiten für tief gehende Gespräche ergeben sich.

Das ist kein Automatismus: Vier Stunden lang anwesend zu sein, heißt nicht unbedingt, dass irgendetwas Entscheidendes passiert. Aber das Gegenteil trifft zu: Wenn man nie anwesend ist, passiert nie etwas Entscheidendes. Wir verhindern es dann schlichtweg.

Suchen Sie Rituale, die Kindern Spaß machen

Kürzlich haben sich einige Verantwortliche von *reThink* mit Eltern von Grundschülern zusammengesetzt und ausgetauscht, was in einer Familie Begeisterung hervorruft und gute Gespräche auslöst. Ein Ergebnis dieser Veranstaltung war: Wenn Kinder sich darüber freuen, etwas geschenkt zu bekommen, erhöht das die Gesprächsbereitschaft. Aus diesem Treffen ist ein neues Konzept entstanden, das so etwas wie eine Kiste voller Hinweise ist: Sie gibt Eltern und Kindern Hinweise, was sie tun sollen und wann. Die interaktive Box enthält eine DVD mit Szenen und Musik, passende Gegenstände zum Sammeln und einen Internetcode, mit dem die Kinder sich online mit den Schauspielern austauschen können. Wenn der Inhalt für die Kinder spannend ist und parallel in Gemeinde und Familie genutzt wird, lassen sich die Herzen der Kinder viel besser erreichen. Auch hier ist der Faktor Orange im Einsatz.

Egal wie alt Ihre Kinder sind, es lohnt sich herauszufinden, was sie sonntags lernen und dann Wege zu finden, wie Sie die Inhalte in die Unternehmungen und Gespräche in Ihrem Alltagsleben aufnehmen können.

Besuchen Sie Familienveranstaltungen

Vor einigen Jahren arbeitete ich (Reggie) in der Nähe von Atlanta innerhalb eines kreativen Teams aus Autoren, Schauspielern und Musikern. Wir entwickelten ein wöchentliches Event für Familien namens *KidStuf*. Die Stärke einer solchen regelmäßigen (wöchentlichen oder monatlichen) Veranstaltung ist, dass sie die Familie feiert und Eltern in einem gemeinsamen Erlebnis zusammenbringt. Das kürzere Programm enthält eine interaktive, lebendige Anbetungszeit und ein professionell vermitteltes Thema, das Eltern wie Kinder anspricht. Wir nutzen Musik, die Kinder begeistert und Eltern nicht nervt. Jedes Mal tauchen die gleichen Charaktere auf, die damit im Laufe der Zeit zu Freunden werden, mit denen man sich identifizieren kann. Wir haben das die *Disney-Methode* genannt. Das Programm ist darauf zugeschnitten, dass sich verschiedene Altersgruppen gemeinsam aktiv beteiligen und miteinander ins Gespräch kommen können.

Im Laufe der Jahre konnten wir sehen, wie sehr Eltern und Kinder von einer solchen Erfahrung profitieren. Wir ermutigen Familien, immer wieder solche Gelegenheiten zu nutzen, die für die ganze Familie gedacht sind. Solche Veranstaltungen können zu Hause gute Gespräche und Diskussionen auslösen. Wenn man solche Events gemeinsam mit anderen Familien besucht, lässt sich hervorragend der Wert von Familie gemeinsam mit den Kindern feiern.

Werden derartige Veranstaltungen von einer Gemeinde organisiert, können sie den Einfluss von Eltern und Mitarbeitern der Gemeinde wirkungsvoll zusammenführen. Veranstaltungen für die ganze Familie unterscheiden sich von denen für die unterschiedlichen Altersgruppen darin, dass sie gemeinsam mit anderen Familien erlebt werden. Sie sind eine weitere Möglichkeit, verschiedene Einflüsse zusammenzubringen und mehr zu bewirken, als die Gemeinde oder die Familie allein es könnten. Und sie ermöglichen den Eltern, weit über ihre eigenen begrenzten Möglichkeiten hinaus etwas zu tun.

Veranstaltungen für Familien mit Teenagern oder Jugendlichen können dann wieder anders aussehen. Hier kann es vor allem sinnvoll sein, dass sich die Eltern kennenlernen und austauschen. Jugendleiter und -pastoren wählen häufig einen etwas lockereren Weg, um mit den Eltern zusammenzuarbeiten. Manchmal veranstalten sie Elternabende, an denen verschiedene Themen besprochen werden. Manchmal gibt es auch Internetseiten oder Blogs mit Hinweisen für die Eltern, welche Themen in der Jugendarbeit aktuell besprochen werden oder worüber man sonst mit den Teens ins Gespräch kommen kann. Meistens ist die Zusammenarbeit in diesem Alter weniger strukturiert und spontaner, aber das Ziel bleibt dasselbe: Eltern zu helfen, die gemeinsame Zeit mit ihrer Tochter oder ihrem Sohn zu nutzen.

Eltern, die kleine Dinge umsetzen, können Großes im Leben ihrer Kinder oder Jugendlichen bewirken.

Finden Sie Rituale, die zu Ihrer Familie passen

Behalten Sie Folgendes im Hinterkopf: Bemühen Sie sich nicht, etwas umzusetzen, das bei Ihnen nicht funktioniert und nehmen Sie sich nicht zu viel vor. Ich zögere, das anzusprechen, weil die meisten Familien tatsächlich irgendetwas in Angriff nehmen sollten. Aber passende Rituale zu entwickeln hat auch seine Tücken. Denken Sie daran: Eltern, die *kleine* Dinge umsetzen, können *Großes* im Leben ihrer Kinder bewirken.

Beispielsweise kann eine Mutter oder ein Vater in einem ganz kurzen Gespräch über ein wichtiges Thema vom Sonntag Synergien nutzen und das Gelernte vertiefen. Das ist die Kraft unterschiedlicher Stimmen im Leben eines Kindes. Eltern müssen überzeugt davon sein, welche große Chance darin liegt, ihren Sohn oder ihre Tochter geistlich zu prägen, indem sie einen Rhythmus kreieren.

Das Ziel besteht nicht darin, alles gleichzeitig,
sondern etwas mehr zu tun.

Wenn ein Vater, der bisher nicht mit seiner zehnjährigen Tochter gebetet hat, jetzt damit anfängt …

Wenn eine Mutter, die keine wirkliche Beziehung zu ihrem Sohn im Teenageralter hatte, ihm jetzt liebevoll vermittelt, wie wichtig er ihr ist …

Wenn eine Familie, die bislang kaum über geistliche Themen gesprochen hat, jetzt gelegentlich beim Abendessen ein Gespräch über Gott beginnt …

Wenn sich im Familienrhythmus irgendetwas verändert, das alle daran erinnert, dass Gott durch sie eine Geschichte erzählt …

Wenn ein Thema, über das in der Gemeinde gesprochen wurde, zu Hause kreativ vertieft wird …

… hat das größere Auswirkungen, als Eltern es sich vorstellen können.

Entwickeln Sie Rituale.

Rituale entwickeln

Fragen für das Gespräch

Schlüsselfrage: *Gehörte geistliches Wachstum in dieser Woche zum Alltagsrhythmus Ihrer Familie?*

1. Welche Familientraditionen oder -rituale mochten Sie in Ihrer Kindheit und Jugendzeit? Welche mochten Sie nicht? Warum haben Ihnen manche gefallen und andere nicht?

2. Welche Rituale und regelmäßigen Abläufe haben Sie in Ihrer jetzigen Familie entwickelt? Wie sind sie entstanden? Machen sie allen Spaß? Warum? Was macht sie wertvoll?

3. Gehörten in Ihrer Kindheit Gespräche über den Glauben und das Leben zum Familienrhythmus? Wie sahen diese Gespräche aus? Waren sie hilfreich? Was lernen Sie daraus? Wie beeinflusste diese Erfahrung, wie Sie selbst den Glauben in Ihrer Familie thematisieren?

4. Wir haben uns in diesem Buch schon viel mit 5. Mose 6 beschäftigt. Bitte schauen Sie trotzdem noch einmal hinein und lesen Sie die Verse sechs bis acht genauer. Warum wählte Mose Ihrer Meinung nach die Zeiten morgens, beim Essen, unterwegs und beim Schlafengehen?

5. Welche Form von Austausch mit Ihren Kindern geschieht in den festen gemeinsamen Zeiten des Tages? Was können Sie tun, um diese Zeiten mit Ihren Kindern aktiver zu nutzen?

6. Denken Sie zurück an Ihre eigene Glaubensreise: Wie entstanden natürliche Gespräche über den Glauben und welche haben Sie weitergebracht? Warum waren sie für Sie so bedeutsam? Wo und wie haben sie stattgefunden? Wie sind diese Gespräche entstanden?

7. Was können Sie aus den Erfahrungen, die zu Ihrer eigenen geistlichen Entwicklung beigetragen haben, lernen, um den Glauben effektiv in Ihr heutiges Familienleben zu integrieren?

Zum Nachdenken: Wenn Sie zu einer christlichen Gemeinschaft gehören, überlegen Sie, wie Sie die dortigen Veranstaltungen und Angebote stärker nutzen können, um einen bewussteren Rhythmus in Ihrer Familie zu entwickeln.

> *Bewahrt die Worte im Herzen, die ich euch heute sage! Prägt sie euren Kindern ein! Redet immer und überall davon, ob ihr zu Hause oder unterwegs seid, ob ihr euch schlafen legt oder aufsteht*
> 5. Mose 6,6–7.

Kapitel 7

Fünfter Familienwert: Bei sich selbst anfangen

Bemühen Sie sich zuerst um Ihr eigenes inneres Wachstum

Noch einmal zurück: Erinnern Sie sich noch, an wen Mose sich in seiner Rede (5. Mose 6) wandte? Der Grund für unsere Frage ist der, dass wir bisher absichtlich etwas ausgelassen haben, weil wir es jetzt ansprechen möchten. Wir haben das Thema bewusst aus der Reihenfolge herausgenommen, in der es im Bibeltext auftaucht, um es hier am Ende des Buches hervorzuheben. Grund dafür ist, dass sie nach dem Lesen des Buches diesen Aspekt noch frisch im Gedächtnis haben und so gleich darüber nachdenken können. Dieser Familienwert unterscheidet sich von allen anderen. Hier geht es um *Ihre Beziehung zu sich selbst.*

Das wichtigste Ergebnis aus der Lektüre dieses Buches erleben Sie womöglich gar nicht im Leben Ihrer Kinder, sondern in Ihrem eigenen.

Mose nannte einen Aspekt so nebenbei, dass man ihn leicht überlesen kann. Direkt, nachdem er dazu aufforderte, Gott zu lieben, und kurz bevor er darüber sprach, die Zeit zu nutzen, sagte er etwas, um das sich alles andere dreht. Und dieser Punkt ist absolut wichtig für unsere Fähigkeit, über unsere eigenen Begrenzungen hinaus unsere Kinder erziehen zu können. Er sagte: „Bewahrt die Worte im Herzen, die ich euch heute sage!“[1]

Haben Sie es bemerkt? Zwei Wörter: *im Herzen.* Was wollte Mose damit sagen? Unserer Ansicht nach war es ihm wichtig, dass alles, was Sie von Ihren Kindern verlangen, zuerst in Ihnen verwurzelt sein muss. Und somit erleben Sie das wichtigste Ergebnis aus der Lektüre dieses Buches womöglich gar nicht im Leben Ihrer Kinder, sondern in Ihrem eigenen.

Meine (Reggie) eigene Reise ins Nirgendwo begann, als ich 17 Jahre alt war. Ich belegte an der Highschool zusätzliche Kurse, spielte Baseball in der Schulmannschaft, hatte zwei Nebenjobs und war mit einer Band auf Tour. Als meine Noten schlechter wurden, sprach mich meine Lateinlehrerin nach der Stunde an. Mrs Culbreth sagte: „Wenn du nicht einen Gang runterfährst, hast du mit 30 einen Burn-out.“ Ich lachte, klopfte ihr auf die Schulter und stürzte mich in noch viel wichtigere Aufgaben.

Ich erinnere mich, dass ich mich beim Weggehen fragte: „Warum ausgerechnet mit 30?“

Ich vergaß ihre Worte völlig, bis ich 31 war und spätabends auf einer Schotterpiste in Alabama im Auto saß. Emotional war ich in einer Sackgasse gelandet. Mrs Culbreth hatte nur um ein Jahr danebengelegen.

An diesem Abend kamen mir ihre Worte wieder in den Sinn, die sie vor mehr als einem Jahrzehnt gesagt hatte. Woher hatte sie das gewusst? Was hatte sie in meinem Inneren erkannt? Sie hatte definitiv prophetisch gesprochen, und mein Leben stürzte gerade zusammen. Ich erspare Ihnen die Details der Gemeindearbeit, die ich gerade zu leiten versuchte und die unzähligen Stunden, die ich in Teenager und junge Erwachsene investiert hatte. Es erleichterte die Situation nicht gerade, dass meine Frau und ich zu dieser Zeit vier Kinder im Alter unter sieben Jahren hatten.

Auf dem Feldweg verblasste all das, und mich überwältigten Einsamkeit und Leere. Der Zusammenbruch geschah fast unmerklich. Ich fand erst in vielen seelsorgerlichen Gesprächen, die ich in den folgenden Monaten führte, heraus, was Mrs Culbreth damals gemeint hatte: Wir alle starten mit einer gewissen Reserve ins Erwachsenenalter. Wenn wir zu viel davon verschwenden, ohne immer mal wieder etwas zurückzulegen, geraten wir in ein emotionales Defizit.

Ich hatte eine tolle Kindheit. Wir lebten in einem Viertel, in dem in der Adventszeit jedes Haus dekoriert und beleuchtet war. Wir kletterten auf Bäume und spielten Baseball im Garten. Wir besuchten häufig Verwandte und wanderten den ganzen Tag durch die Wälder, gingen fischen und kundschafteten verlassene Scheunen aus. Ich verbrachte zahlreiche Wochenenden auf nahe gelegenen Seen, fuhr mit meiner Geländemaschine herum und erlebte eine wertvolle Zeit in der Jugendgruppe unserer Gemeinde. Ich lebte in einer regelrechten Abenteuerwelt. Jede Wanderung, jede Freundschaft, jeder Sonntag, jeder Ausflug und jedes Spiel füllten mein unsichtbares persönliches Konto.

Und so verließ ich die Highschool mit dem Gefühl, einen riesigen Tank voller Energie zu haben. Mein Leben beschleunigte sich auf Lichtgeschwindigkeit und verbrannte dabei jede Menge Treibstoff. Mrs Culbreth hatte einfach geschätzt, wie lange es dauern würde, bis der volle Tank bei diesem Tempo leer gefahren sein würde.

Das Problem war, dass ich nicht wusste, welchen Wert die Reserven auf meinem persönlichen emotionalen Konto hatten, die ich in den vergangenen 17 Jahren angespart hatte. Ich gab sie mit vollen Händen aus, ohne hin und wieder etwas zurückzulegen. Als ich eines Abends eine persönliche Krise durchlebte, wollte ich auf mein emotionales Konto zurückgreifen, aber es war leer.

In den kommenden schwierigen Monaten war ich nicht der Einzige, der litt. Es war wie die Autoschlange, die sich auf einer Brücke staut, wenn vorne ein Wagen kein Benzin mehr hat. Etliche Leute, die mir am Herzen lagen, waren mitbetroffen. Glücklicherweise hatte ich Unterstützung von Freunden und Familie um mich herum, die mir wieder aufhalfen. Sie bemühten sich sehr, meine Tanks wieder aufzufüllen und mir zu helfen wiederaufzubauen, was ich verloren hatte.

Es ist nicht schwer zu begreifen, was geschehen war.

Ich hatte in meinem Leben nie nachgetankt.

Ich leitete andere an, aber nicht mich selbst.

Ich hatte alle meine Ressourcen aufgebraucht, weil ich versäumt hatte, mich um mein persönliches Wohlergehen zu kümmern.

Es ist wichtig zu verstehen, dass zwischen Ihren Erziehungsfähigkeiten und Ihrem persönlichen Wachstum eine direkte Verbindung besteht.

Der fünfte Familienwert – bei sich selbst anfangen – fordert Sie als Vater oder Mutter in einem Maße heraus, wie es die anderen Werte nicht tun. Sie könnten die anderen vier Werte aus diesem Buch (den Kreis erweitern, vom Ende her denken, die Herzen unserer Kinder erobern, Rituale entwickeln) genau wie beschrieben umsetzen und trotzdem etwas wirklich Entscheidendes verpassen.

Dieser Wert gilt Ihnen *persönlich* und ist nicht so sehr für Ihre Kinder gedacht. Er wird Ihren Kindern ganz sicher *dienen.* Aber er richtet sich nicht direkt an sie. Dieser Wert gilt *Ihnen* allein.

Weil es um Sie selbst geht und weil Sie schon so unendlich viel um die Ohren haben, steht dieser Familienwert in der Gefahr, dass Sie ihn einfach *überspringen.* So sind wir Eltern nun mal. Wir stellen unsere eigenen Bedürfnisse hinten an, damit unsere Kinder weiterkommen.

Aber diesmal wäre das ein fataler Fehler.

Um zu verstehen, wie wichtig dieses Thema ist, sollten wir uns zunächst einmal unsere Art und Weise, wie wir Erziehung ausüben, genauer ansehen und kurz innehalten, um unsere Reise persönlicher anzugehen.

> *Wenn Sie möchten, dass etwas in Ihren Kindern geschieht, muss es zuvor in Ihnen selbst gewachsen sein.*

Was Glauben und Persönlichkeit angeht, werden Sie von Ihren Kindern so aufmerksam *beobachtet,* wie in keinem anderen Lebensbereich. Weil aber beide Bereiche uns so persönlich betreffen, können wir sie nicht einfach, ohne uns mit unserer Persönlichkeit einzubringen, *für unsere Kinder* erledigen. Dafür ist schon mehr nötig. Wenn Sie da nicht authentisch rangehen, werden Ihre Kinder das genau spüren. Ihre eigene geistliche und persönliche Entwicklung beeinflusst Ihre Kinder stark. Wenn Sie möchten, dass etwas in Ihren Kindern geschieht, muss es zuvor in Ihnen selbst gewachsen sein.

Kinder haben ein feines Gespür

Wenn Sie Glauben und Moral nur um Ihrer Kinder willen weitergeben wollen, beidem aber nicht selbst eine Priorität in Ihrem Leben einräumen, werden Ihre Kinder das irgendwann merken. Kinder spüren erstaunlich schnell, ob man Ihnen nur etwas vormacht. Ich (Carey) musste das lernen, als meine Kinder noch klein waren und mehr Gemüse essen sollten.

Ich habe eine Aversion gegenüber Brokkoli. Ich würde es gern eine Allergie nennen, aber das wäre gelogen. Es ist keine Allergie, sondern eine extreme Abneigung gegenüber diesem Grünzeug. Ich bin auch sonst kein großer Freund der Brokkoli-Familie: Weißkohl, Rosenkohl, Blumenkohl – die gesamte Palette lässt bei mir die Frage auftauchen, warum Gemüse überhaupt im Schöpfungsplan stand. Ich weiß, dass viele Menschen diese Lebensmittel gerne mögen, aber ich vermute, sie wurden von Supermärkten bestochen, um den Absatz landwirtschaftlicher Erzeugnisse anzukurbeln.

Es gab einige spannende Momente bei uns zu Hause, als wir unsere Kleinkinder zu vitaminreicher Ernährung überreden wollten. Meine Frau Toni wollte, dass ich in Sachen Ernährung ein gutes Vorbild war, und so opferte ich mich.

Als eines Abends das Essen herumgereicht wurde, priesen Toni und ich die Vorzüge von Gemüse, schwärmten, wie gut es für die Gesundheit ist und wie wichtig auf dem Speiseplan. An diesem Abend aßen alle davon – außer mir.

Ich piekste Brokkoli auf meine Gabel und hielt den Atem an. Ich versuchte zu lächeln und würgte ihn herunter. Sofort hagelte es Fragen: „Warum isst Papa nur so ein bisschen? Warum hat er sein Gesicht dabei so verzogen? Wenn Papa das nicht mag, warum müssen wir das dann essen?"

Kleine Kinder sind ziemlich schlau.

Das haben Sie in Ihrer Familie längst gemerkt. Ihre Kinder wissen, wann etwas authentisch ist. Und sie wissen, wann nicht. Wenn Sie richtig gut sind, können sie Ihre Kinder vielleicht davon überzeugen, dass Wachstum in Glauben und Persönlichkeit wichtig sind. Aber irgendwann merken sie, ob es *Ihnen* selbst auch wichtig ist.

Genauso wie Kinder eine winzige Meinungsverschiedenheit zwischen ihren Eltern erkennen und nutzen, um manchmal ihren eigenen Willen durchzusetzen, können sie auch ziemlich sicher sagen, ob man das tut, wovon man redet.

Wenn der Glaube keine persönliche Herzensangelegenheit ist, wird er so schnell an den Nagel gehängt wie das Paar Stollenschuhe, nachdem das Fußballtraining seinen Reiz verloren hat.

Oder noch schlimmer: Kinder glauben, sie seien dem Glauben entwachsen. So, wie Lego und Plüschtiere in der Ecke landen, weil Treffen mit Freunden auf einmal wichtiger werden.

Deshalb ist Ihre eigene persönliche Überzeugung so wichtig. Ihre Kinder beobachten mit Laserblick, wie Sie sich geistlich und charakterlich entwickeln.

Wenn Sie diese Zeilen lesen, wächst vermutlich Ihre innere Anspannung. Sie haben das Gefühl, der Sache nicht gewachsen zu sein. Und wenn Sie mit Ihren Kindern darüber reden müssten, in welchen Bereichen Sie selbst Angst haben, inkonsequent handeln oder gelegentlich zweifeln, hätten Sie das Gefühl, versagt zu haben.

Aber das ist wieder das Problem von unserem perfekten Bild im Kopf, oder? Gott möchte eine umfassendere Geschichte schreiben und Ihre persönliche Entwicklung ist Teil der Handlung. Um genau zu sein, kann Ihre Geschichte, die gerade erst geschrieben wird, mehr bewirken, als Sie glauben.

Was immer Sie sich von Ihren Kindern wünschen, sollten Sie sich selbst zum Ziel setzen.

Aus diesem Grund sollten Kinder die Möglichkeit haben, Ihre Eltern dabei zu beobachten, wie Sie mit bestimmten Dingen ringen. Sie brauchen authentische und transparente Einblicke in das Leben ihrer Eltern. Und vor allem müssen Sie miterleben, dass Ihre eigene geistliche und charakterliche Entwicklung eine hohe Priorität in Ihrem Leben hat. Es geht nicht darum, ein perfektes Vorbild abzugeben, sondern ehrlich zu sein. Was immer Sie sich von Ihren Kindern wünschen, sollten Sie sich selbst zum Ziel setzen.

- Wenn Sie möchten, dass Ihren Kindern die Gemeinde wichtig wird, sollten Sie selbst hingehen.

- Wenn Sie möchten, dass sie Leiter respektieren, sollten Sie bewusst auf Ihre eigene Einstellung dazu achten.
- Wenn Sie möchten, dass sie Fehler eingestehen, bitten Sie auch selbst um Entschuldigung.
- Wenn Sie möchten, dass sie hart arbeiten, arbeiten Sie hart.
- Wenn Sie möchten, dass sie großzügig werden, dann spenden Sie selbst gern.
- Wenn Sie möchten, dass sie sich auf die Suche nach Gott begeben, dann gehen Sie selbst in die Stille mit ihm.
- Wenn Sie möchten, dass sie ehrlich sind, dann seien Sie selbst anderen Menschen gegenüber integer.

Und vor allem: Wenn Sie Fehler machen (und das wird passieren), stehen Sie dazu und beginnen Sie neu.

Es fängt in Ihrem Herzen an

Das ist der Grund, warum Mose betont, dass der Glaube bei den Eltern anfangen muss: Ein Vermächtnis ist ansteckend. Mose sagt, dass Sie „ihn von ganzem Herzen", „mit ganzer Hingabe" und mit all Ihrer „Kraft" lieben und Gottes Prinzipien „im Herzen" bewahren sollen. Mose schärft den erwachsenen Bewohnern von Israel ein, wie sie ihren Glauben an die nächste Generation weitergeben sollen. Wir wissen das, weil er ihnen anschließend aufträgt, seine Worte ihren Kindern „einzuprägen".

Schauen wir uns 5. Mose 6 noch einmal genauer an, damit wir den Zusammenhang im Blick behalten:

Zuerst definiert Mose Gott als Grundpfeiler für die Identität der Israeliten.

Dann ermuntert Mose sie, mit Gott eine Liebesbeziehung zu führen als Fundament für ihr Leben.

Damit sie nicht übersehen, dass ihr Vermächtnis ansteckend ist, erinnert er die Israeliten daran, dass diese Prinzipien in *ihrem* Herzen lebendig sein müssen, bevor sie an ihre Kinder weitergegeben werden können. Wenn Sie Kinder haben, ist das ein Grundprinzip: Es muss in *Ihrem* Herzen anfangen, bevor es in *Ihren Kindern* wachsen kann.

Moses Worte legen nahe: Bevor wir fragen können, wohin sich unsere Kinder entwickeln, müssen wir uns selbst prüfen, wohin *wir* uns *selbst* entwickeln. Es würde den Blick auf unser Leben fundamental verändern, wenn wir wirklich beginnen würden zu glauben, dass die wichtigste Veränderung im Herzen eines Kindes die wäre, die in den Herzen seiner Eltern geschieht.

Darum gilt: *Wenn das Ziel ist, den Kindern einen persönlichen Glauben weiterzugeben, sollten die Eltern es sich zur Priorität machen, ihren eigenen Glauben lebendig zu halten.*

Wie kann das aber funktionieren, wenn man sich nicht besonders sicher ist, wie es in einem selbst aussieht? Wie geht man damit um, wenn das, was im eigenen Herzen ist, nicht dem entspricht, was man sich für sich selbst und für die eigenen Kinder wünscht?

Ich (Reggie) bin mir sehr bewusst, dass in meinem Herzen Dinge sind, die ich meinen Kindern nicht wünsche. Wie soll ich damit umgehen? Ich stehe in einem Dilemma. Einerseits habe ich nicht das Gefühl, so weit zu sein, dass ich meinen Kindern wünschen würde, auch nur meine positivsten Eigenschaften zu übernehmen. Ich stecke noch immer in einem Lernprozess. Mein Glaube ist bei weitem noch nicht stark genug und mein Charakter ist noch nicht so fehlerlos, wie ich ihn mir wünschen würde. Auf der anderen Seite kenne ich die lange Liste meiner anderen Verschrobenheiten, die ich ihnen natürlich auch nicht gerne weitergeben möchte. In beiden Bereichen habe ich zu kämpfen.

Aus tiefstem Herzen kann ich sagen, dass ich noch nie Eltern getroffen habe, die sich für die Erziehung gewappnet gefühlt haben, als sie ihr erstes Kind bekamen. Das Statistische Gesundheitszentrum der USA hat herausgefunden, dass Mütter im Durchschnitt mit 25 Jahren ihr erstes Kind zur Welt bringen.[2] So alt war ich auch. Ich spreche für mich und nicht für meine Frau, wenn ich sage, dass ich durch Versuch und Irrtum lernte – und von Letzterem gab es viele. Wenn Sie im mittleren Alter sind, werden Sie vermutlich zugeben, dass Ihnen manches unangenehm ist, das Sie mit 20 getan haben. Aber wir verbessern unsere erzieherischen Fähigkeiten, indem wir unsere Kinder erziehen. Bevor wir Kinder haben sind wir einfach keine Experten, vielmehr testen wir unsere Theorien erst an unseren Kindern.

Das ist anders als in allen anderen Bereichen. Wir nehmen Tanzstunden, bevor wir in der Öffentlichkeit tanzen. Wir suchen uns einen Trainer, bevor wir an einem offiziellen Baseballspiel teilnehmen, und wir machen eine Ausbildung, bevor wir anfangen zu arbeiten. Aber keine Universität bietet Elternschaft als Hauptfach an. Man kann sich nicht in einen Seminarraum setzen und Erziehung üben, bevor man tatsächlich seine Kinder erziehen muss. In seinem Buch *Überflieger* erläutert Malcolm Gladwell, dass man 10.000 Stunden Übung braucht, bevor man eine bestimmte Aufgabe wirklich gut beherrscht.[3] Unsere Aufgabe als Eltern beginnen wir jedoch mit genau null Stunden Erfahrung.

Es gibt nicht einmal eine Generalprobe. Es wird unterstellt, man wüsste schon so halbwegs, was man als Eltern zu tun hat. Die Annahme ist, dass unsere Eltern uns erzogen haben und uns als Vorbild dienen, wie wir unsere Kinder erziehen sollen. Und unsere Kinder erziehen ihre Kinder so, wie wir sie erzogen haben.

Glaube und Persönlichkeit entwickeln sich nur langsam. Das Ganze ist ein Prozess. Wir sind noch nicht am Ziel angekommen.

Aber gleichzeitig beeinflussen unser heutiger Glaube und unsere heutige Persönlichkeit unsere Kinder auf die eine oder andere Weise. Wie wir uns nach Gott ausstrecken, wie wir unseren Partner lieben, wie wir mit anderen Menschen umgehen, wie wir auf Vorgesetzte reagieren, wofür wir unser Geld ausgeben, wie wir arbeiten und mit anderen kommunizieren, prägt ihre Werte und Einstellungen. Aber die meisten von uns haben nicht den Spielraum, in allen Bereichen perfekt zu werden, bevor wir Kinder kriegen.

Die einzige praktikable Lösung, die uns meistens einfällt, ist zu tun, was alle klugen und liebevollen Eltern mit ihren Schwächen tun: sie verbergen. Sie so tief vergraben, dass unsere Kinder sie nie finden werden. Vielen von uns ergeht es so.

Allerdings tauchen diese Schwächen früher oder später doch wieder auf.

Versuchen Sie nie, Ihre Kinder mit dem zu beeindrucken, wer Sie vorgeben zu sein. Ihre Kinder werden später enttäuscht sein, dass Sie Ihre Mühen und Schwächen nie zugeben konnten. Es ist noch nie vorgekommen, dass ich zugegeben habe: „Mir macht XY Mühe“, und meine Frau und meine Kinder daraufhin überrascht sagten: „Ach wirklich? Davon hatten wir gar keine Ahnung.“ Sie wissen es längst. Sie beobachten uns ohnehin jeden Tag, dann können wir auch gleich all die Schwächen zugeben, von denen wir uns wünschen, dass Gott sie uns nimmt. Es ist in Ordnung, wenn Ihre Kinder sehen, wer Sie wirklich sind – vor allem wenn sie sehen sollen, wie Gott in Ihrem Leben wirkt.

In Ihnen oder in Ihrem Leben muss nicht alles perfekt in Ordnung sein, bevor Sie einen positiven Einfluss auf Ihre Kinder haben.

Mose ging es nicht darum, dass Eltern perfekte Vorbilder werden. Seine Meinung war nicht, dass man den Glauben erst weitergeben kann, wenn man alle Gebote befolgt. Was er sagen wollte, war, dass man diese Wahrheiten „im Herzen" bewahren sollte. Es geht um Leidenschaft und Sehnsucht. In Ihnen oder in Ihrem Leben muss nicht alles perfekt in Ordnung sein, bevor Sie einen positiven Einfluss auf Ihre Kinder haben. Aber eins sollten Sie sich klarmachen, wenn Sie Ihre Kinder dauerhaft prägen wollen: Sie müssen authentisch sein. Sie müssen die Sache persönlich angehen.

In vorderster Reihe

Ihre Kinder sitzen in Ihrem Leben in der ersten Reihe. Die Frage ist nur, was sie zu sehen bekommen. Nur eine Show? Oder ein echtes Abenteuer, in dem Mut und Leidenschaft persönliche Hindernisse überwinden? Was, wenn Ihre persönliche Entwicklung für Ihre Kinder der wichtigste Einblick wäre in die größere Geschichte, die Gott in Ihrer Familie schreiben will?

Ihre Kinder sitzen in Ihrem Leben in der ersten Reihe. Die Frage ist nur, was sie zu sehen bekommen.

Zeigen Sie ihnen, was es bedeutet, sich nach einer tieferen Beziehung zu Gott und in Ihrer Ehe auszustrecken. Zeigen Sie ihnen, wie es aussehen kann, wenn Jesus den wichtigsten Stellenwert im Leben einnimmt. Zeigen Sie ihnen, wie man dem Materialismus und der Gier unserer Kultur eine Absage erteilen kann. Wenn es in Ihren Kindern wachsen soll, muss es in Ihnen erkennbar sein.

Ihre Kinder müssen sehen, wie Sie …

… um Antworten ringen,
… mit Ihren Schwächen umgehen,
… auf echte Probleme reagieren,

… Fehler eingestehen,
… um Ihre Ehe kämpfen,
… persönliche Konflikte lösen.

Ihre Kinder müssen sehen, dass es Ihnen wichtig ist, persönlich weiterzukommen: in den Beziehungen zu anderen, auf Gefühlsebene und in Ihrem Glauben. Was Sie sich nicht selbst vornehmen, wird auch für Ihre Kinder kein Thema sein.

Unsere Lieblingsgeschichten stammen von Kindern Alleinerziehender, die miterlebt haben, wie ihre Mütter oder Väter Schwierigkeiten bewältigten. Diese alleinerziehenden Eltern konnten Ihre eigenen Begrenzungen überschreiten, indem sie Gott erlaubt haben, in ihrem Leben eine Geschichte über Rettung und Neubeginn zu erzählen.

Unsere Kinder können nicht erkennen, wohin wir uns entwickeln, wenn sie nie sehen, wer wir wirklich sind. Und wenn sie nie sehen, wer wir sind, woher sollen sie dann wissen, wie Gott uns verändert hat und weiterhin in uns wirkt? Genau dieser unmittelbare Einblick in diese Entwicklung vermittelt ihnen Hoffnung für ihre eigene Zukunft und den Glauben daran, was Gott in ihnen tun kann.

Ich (Carey) habe einmal eine Predigtreihe über die Spannung zwischen Männern und Frauen gehalten. Ich habe mit dem Bekenntnis begonnen, dass Toni und ich in den 19 Jahren unserer Ehe über alle erdenklichen Themen gestritten und dabei noch ein paar neue erfunden haben. Das ist nicht nur die Wahrheit, sondern auch sehr hilfreich. Die Leute entspannen sich, wenn sie hören, dass ihr Pastor auch nicht alles auf die Reihe kriegt. Die Botschaft rückt dadurch für alle in greifbare Nähe. Man hat das Gefühl, wir alle sitzen im selben Boot (was ja stimmt). Manche denken sogar: *Wenn es für den Pastor noch Hoffnung gibt, ist für mich ja vielleicht auch noch nicht alles verloren.* Natürlich erzähle ich auch von persönlichen Erfolgen, aber ich verschweige die Mühen auf dem Weg nicht.

Wenn unser Lieblingssportler irgendwo interviewt wird, spitzen wir die Ohren, weil wir gerne hinter die Kulissen blicken. Mehr noch als das öffentliche Bild interessiert uns, wie er aufgewachsen ist, wie seine Familie war, welche Ängste und Hoffnungen ihn prägen und womit er täglich zu kämpfen hat. *Inoffizielle* Informationen sind meist spannender als *offizielle.* Wenn Sie lernen, Ihre begrenzten Fähigkeiten zuzugeben und Ihre Kinder mit all Ihren Schwächen zu erziehen, richten Sie das Scheinwerferlicht auf Gottes Fähigkeiten. Immer wieder lesen wir in der Bibel, dass Gott gerade in unserer Schwachheit stark ist.

Transparenz hat ihren angemessenen Ort und ihre Zeit und sollte mit gesundem Menschenverstand eingesetzt werden, aber die meisten von uns würden davon profitieren, wenn wir mehr zugeben würden als bisher. Unsere eigene Ehrlichkeit verschafft den meisten anderen Menschen, und besonders unseren Kindern, einen Platz in der ersten Reihe, wo sie Gottes Gnade aktiv am Werk sehen können.

Und wie geht das ganz praktisch?

Wie wird man persönlich? Die Antwort ist nicht schwer. In unserer Organisation sind viele junge Väter und Mütter angestellt. Vielleicht haben Sie auch gerade Kinder im Vor- oder Grundschulalter. In dieser Phase sind Ihre Kinder völlig von Ihnen abhängig und das fühlt sich mitunter ziemlich erdrückend an.

Eine Mutter in unserem Team merkte einmal nebenbei an: „Ich wünschte, ich hätte einen Tag im Monat nur für mich.“

Als wir sie fragten, warum sie sich diesen Tag nicht nahm, antwortete sie: „Weil ich dann ein schlechtes Gewissen hätte.“

Es fühlt sich egoistisch an, rücksichtslos. Die uneigennützige Wahrheit ist aber, dass die Zeit, in der wir Rücklagen auf Gefühls-, Verstandes-, Beziehungs- oder Glaubensebene anlegen, am Ende allen dient, die wir lieben.

Jesus hat das ebenfalls so gemacht. Und er war vollkommen. Er war Gott. Aber er war auch Mensch. Und er war klug genug zu wissen, dass seine menschliche Seite gelegentlich gepflegt werden musste. Jesus zog sich regelmäßig von den Menschenmengen zurück. Manchmal verschwand er einfach. Oftmals hat er dann gebetet, manchmal hat er die Zeit mit seinen engen Freunden verbracht und dann und wann hat er ein Nickerchen im Schiff gehalten. Selbst Jesus hat sich Zeit zum Auftanken genommen. Er wusste, wie wichtig es ist, immer wieder etwas auf das geistliche und emotionale Konto einzuzahlen.

Gehören Sie zu der Sorte Eltern, die sich schuldig fühlen, wenn Sie mal eine Auszeit nehmen? Vielleicht funktionieren Sie eine lange Zeit, weil Sie mehr Kapazität als viele andere haben. Aber manchmal laufen wir fast leer, ohne es zu wissen. Die Frage ist, wie Sie Ihre inneren Tanks nachfüllen – um Ihrer Familie willen.

In ihrem Buch *The Price of Privilege* (dt.: Der Preis des Privilegs) schreibt die Familienpsychologin Madeline Levine: „Erziehung kann am besten gelingen, wenn wir genügend persönliche Ressourcen haben, die uns durch Schwierigkeiten tragen können: Freunde, Interessen, ein Netzwerk von Unterstützung, klare Prioritäten und das Wissen, mit der eigenen Lebensgeschichte im Reinen zu sein.“[4]

Besteht das Risiko, dass eine Krise Sie kalt erwischt und Sie nervlich schnell am Ende sind? Jeder ist anders, und es ist wichtig, uns selbst, unsere Grenzen, unsere Bedürfnisse und unsere Persönlichkeit gut genug zu kennen, um zu wissen, was uns inneren Antrieb gibt. Sie tun sich einen großen Gefallen, wenn Sie sich Zeit nehmen und in sich hineinhorchen und benennen, was Ihnen Kraft gibt und Ihnen hilft, sich weiterzuentwickeln.

Geistliche Rücklagen

Je mehr Zeit wir uns dafür nehmen nachzudenken, zu beten, innezuhalten oder uns sogar auszuruhen, desto bessere Väter, Ehemänner, Mütter, Ehefrauen, Leiter und Freunde werden wir. Wir entwickeln uns dadurch weiter. Wir vertrauen Gott mehr. Unsere Persönlichkeit und unser Geist werden gestärkt.

Genauso wie es kein perfektes Bild dafür gibt, wie eine Familie sein soll, gibt es nicht die eine Art, wie eine Zeit geistlichen Wachstums aussehen muss.

Genauso wie es kein perfektes Bild dafür gibt, wie eine Familie sein soll, gibt es nicht die eine Art, wie eine Zeit geistlichen Wachstums aussehen muss.

Für die meisten Gemeindemitglieder haben Gebet und Bibellesen einen hohen Stellenwert. Und die fortwährende Kommunikation mit unserem himmlischen Vater und das Vertiefen in die Bibel sind in der Tat von unschätzbarem Wert. Aber es gibt eine Vielzahl von Wegen, um Gott besser kennenzulernen. Wir befürchten in diesem Kapitel ein wenig, dass mancher Leser eine bestimmte Methode für geistliches Wachstum vor Augen hat, wenn es darum geht, die eigene Beziehung zu Gott zu pflegen. Um echte geistliche Rücklagen zu bilden, müssen wir aber möglicherweise individuellere Wege finden.

Manche wachsen geistlich, indem sie Gott anbeten, andere indem sie spenden oder sich um Menschen kümmern, die Schöpfung bewundern, Stille oder Einfachheit suchen oder aktiv etwas tun. Die meisten profitieren von einem Mix aus verschiedenen Elementen. Das ist wie im sportlichen Crosstraining, wo man in verschiedenen Sportarten unterschiedliche Aspekte und Muskulaturen trainiert. Die Hauptsache ist, dass die Liebe zu unserem Vater im Himmel wächst und sich unsere Beziehung zu ihm vertieft. *Wie* das passiert, kann ganz unterschiedlich aussehen.

Ich (Carey) weiß, dass meine Frau in der Natur eine tiefe Nähe zu Gott verspürt. Sie weiß persönliches Bibellesen sehr wohl zu schätzen, aber von Felsen, Bäumen, Wasser und blauem Himmel umgeben zu sein, hilft ihr, Gott näherzukommen. All das erfüllt sie geistlich.

Ich dagegen mag die Natur, aber sie berührt meine Seele nicht annähernd so tief wie sie. Im Trubel einer Großstadt zu stehen und Menschen, Technik und Fortschritt zu beobachten, regt mein theologisches Denken deutlich mehr an als ein Spaziergang im Wald. Das beweist entweder, dass meine Frau weitaus geistlicher ist als ich, oder es bedeutet einfach, dass Gott uns unterschiedlich geschaffen hat, obwohl er uns beide liebt. Es gibt kein Standardrezept für alle, wie wir Gott tief und persönlich begegnen können.[5]

Überlegen Sie, womit Sie aufhören können, um sich persönlich weiterzuentwickeln. Dann erst werden Sie die Zeit haben, weiterzukommen.

Wenn Sie sich Zeit für Gott nehmen, überlegen Sie vorher, wie Sie persönlich am meisten davon profitieren. Je begeisterter Sie von Ihrer gemeinsamen Zeit mit ihm sind, desto begeisterter werden Sie auch von Gott sein.

An manchen Tagen erledigen wir Dinge, auf die wir gerade keine Lust haben, um später tun zu können, worauf wir mehr Lust haben. Aber aus mancher lästigen Pflicht kann auch eine Leidenschaft werden. Manche beginnen mit dem Laufen, indem sie sich selbst dazu zwingen, und mühen sich anfangs ab. Aber mit der Zeit entwickeln sie so viel Freude daran, dass es ihnen schwerfällt, wenn sie einmal nicht laufen können.

Genauso kann es uns mit geistlichen Übungen ergehen. Wer herausfindet, welcher Stil am besten zu ihm passt, stellt fest, dass geistliche Weiterentwicklung nicht nur gesund ist, sondern auch zutiefst befriedigt. Weil unser Leben so unglaublich voll ist, sollten wir nicht einfach davon ausgehen, dass wir noch zusätzlich Zeit einplanen können. Überlegen Sie, womit Sie aufhören können, um sich persönlich weiterzuentwickeln. Dann erst werden Sie die Zeit haben, weiterzukommen.

Wir müssen nicht die gesamte Zeit allein verbringen. Einen Teil davon können wir auch auf Gespräche verwenden, um herauszufinden, in welchen Bereichen Gott uns weiterbringen möchte. An dieser Stelle kommen die Rücklagen auf der Beziehungsebene ins Spiel.

In Beziehungen investieren

Weil keiner von uns seine Kinder völlig auf sich allein gestellt erziehen kann, sind die Beziehungen zu Freunden und Mitgliedern der erweiterten Familie entscheidend wichtig. In die Beziehungen zu anderen zu investieren, ist die beste Rücklage für Ihr Wohlbefinden, die Sie anlegen können.

Suchen Sie sich Ihre Freunde gezielt aus.

Wir sind für Beziehungen geschaffen. Manche genießen die große Menge, andere verbringen ihre Zeit am liebsten mit ein oder zwei Menschen. Aber wir alle brauchen andere Menschen in unserem Leben. Die richtigen Freunde sind Treibstoff für unsere Seele, unser Herz und unseren Verstand.

Gordon MacDonald hat ein Buch geschrieben, in dem er die Menschen danach einteilt, welchen Beitrag sie in unserer kleinen

Welt leisten. Manche Menschen sind VIPs für uns: sehr wichtige Personen. Andere sind sehr hilfreiche Personen und es gibt auch die sehr anstrengenden Menschen in unserem Leben.[6] Es passiert schnell, dass wir von Menschen umgeben sind, die uns unsere Energie rauben, statt dass wir unser Leben mit Menschen teilen, die uns inspirieren und anspornen wollen. Um unserer Kinder willen ist es wichtig, dass wir Beziehungen zu den richtigen Leuten pflegen. Wenn Sie im Kopf die Menschen durchgehen, mit denen Sie Zeit verbringen, wer inspiriert Sie und spornt Sie an? Planen Sie bewusst jede Woche oder jeden Monat Zeit mit ihnen ein?

Finden Sie eine Gruppe von Eltern

Ein guter Weg, um in Beziehungen zu investieren, ist die Gründung einer kleinen Gruppe oder Gemeinschaft von Eltern, die sich regelmäßig treffen. Viele Gemeinden haben Veranstaltungen, in denen man sich wöchentlich oder alle 14 Tage zum geistlichen und persönlichen Austausch trifft. Das Leben mit anderen Erwachsenen in der gleichen Lebensphase zu teilen, kann sehr bereichernd sein.

Ein guter Weg, um in Beziehungen zu investieren, ist die Gründung einer kleinen Gruppe oder Gemeinschaft von Eltern, die sich regelmäßig treffen.

Egal ob Ihre Kirchengemeinde eine solche Gruppe initiiert oder sie organisch entsteht, sie wird Ihre persönliche Entwicklung beflügeln. Auch dadurch können Sie über Ihre Begrenzungen hinaus als Eltern wirken: indem Sie in einem Netzwerk aus anderen Eltern lernen. Wir beide können uns gar nicht vorstellen, wie unsere eigene Reise als Eltern aussähe ohne die zahllosen fruchtbaren Gespräche mit anderen Eltern, die grundlegende Prinzipien dieses Buches teilen.

Wir beide haben eine Gemeindeform auf der Grundlage der Orange-Philosophie entwickelt und damit eine Kultur geprägt, in der die Gemeinde mit den Eltern auf unterschiedlichen Ebenen zusammenarbeitet, um diese Prinzipien umzusetzen. Wir sind überzeugt, dass der Schlüssel für die persönliche Weiterentwicklung von Eltern in der Bereitschaft liegt, in einer festen Kleingruppe Glaubens- und Beziehungsthemen zu behandeln. Menschen brauchen Menschen und Eltern brauchen Eltern.

Wenn Familien diese gemeinsamen Werte teilen, entwickelt sich eine klare Strategie, wie die Eltern mit der Gemeinde zusammenarbeiten können.[7] Wir empfehlen Ihnen dringend, sich einer Gruppe von Eltern anzuschließen, die Ihnen hilft weiterzukommen.

Pflegen Sie Ihre Ehe

Wenn Sie verheiratet sind, ist das größte Geschenk, das Sie Ihren Kindern machen können, mit Ihrem Partner eine gesunde Beziehung zu führen. Leben Sie als Paar eine gute Art von Liebe und Freundschaft vor. Wir konzentrieren uns, ohne es wirklich zu beabsichtigen, nur noch auf die Bedürfnisse unserer Kinder. Wenn wir nicht aufpassen, geraten sie schnell zum Mittelpunkt der Familie. Ihre Kinder sollten aber mir dem Gespür aufwachsen, dass die Beziehung zu Ihrem Partner an vorderster Stelle steht.

Wir stärken in unseren Kindern das Gefühl von Geborgenheit und Vertrauen am besten, wenn wir regelmäßig unsere Ehe pflegen. Wir dürfen nicht unterschätzen, wie wichtig es für Kinder ist zu sehen, wie ihre Eltern eine Freundschaft führen und zärtlich miteinander umgehen.

Allein dadurch, dass Sie Ihre Kinder zu Hause lassen und einen Abend allein als Paar verbringen, üben Sie einen Erziehungsstil jenseits Ihrer Begrenzungen ein.

Mir (Reggie) war der erste Pastor, mit dem ich zusammengearbeitet habe, Larry Thompson, in dieser Hinsicht ein gutes Vorbild. Er und seine Frau Cynthia hatten sich vorgenommen, sich mindestens einmal täglich miteinander auszutauschen, jede Woche auszugehen und mindestens einmal im Jahr allein als Paar wegzufahren. Ihre beiden Töchter beobachteten, wie Cynthia sich jeden Freitag zum Ausgehen fertig machte und gaben ihr manchmal Tipps, was sie anziehen oder in welches Restaurant sie gehen sollten. Die Mädchen wussten, dass der Freitagabend bei ihren Eltern einen hohen Stellenwert hatte.

Ihr Ehepartner war vor Ihren Kindern da und wird es noch sein, lange nachdem Ihre Kinder ausgezogen sein werden. Es ist klug, wenn Sie Ihren Teil dazu beitragen, dass diese Beziehung lebendig bleibt.

Sofort beginnen

Wie fängt man an, all das im alltäglichen Leben umzusetzen? Der einzige Weg, den wir kennen, ist der, die eigene Entwicklung zur Chefsache zu erklären.

Unsere Mailbox füllt sich stündlich. An den meisten Tagen stehen mehr Aufgaben im Kalender, als der Tag Stunden hat. Die Familie braucht ein gerütteltes Maß ungeteilter Aufmerksamkeit, um unseren Beziehungen Tiefe und Beständigkeit zu verleihen. Es gibt also viele verführerische Gründe, unsere persönliche Entwicklung zu vernachlässigen.

Im letzten Kapitel haben wir darüber nachgedacht, wie man in der Familie einen Rhythmus einführen kann. Aber vielleicht steht bei Ihnen vielmehr die Frage an: Welchen Rhythmus wollen Sie für Ihr persönliches Wachstum etablieren? Eine solche Struktur sieht für jeden anders aus.

Sie müssen sich entscheiden, welche Art von Rhythmus Ihnen am meisten hilft. Unser Rat ist, diesen Überlegungen eine Zeit einzuräumen, in der Sie konzentriert sind, egal ob das morgens oder zu einer anderen Tageszeit der Fall ist.

Wann ist Ihre beste Zeit? Wie können Sie diese für Ihre persönliche Entwicklung einsetzen? Vermutlich müssen Sie dafür Ihre Tagesplanung umstellen. Wo wollen Sie etwas verändern? Womit wollen Sie aufhören, um dafür Zeit zu haben? Wenn Sie dieses Thema im Moment gar nicht bearbeiten: Ist es möglich, dass Sie mit fünf Minuten täglich beginnen? Wenn Sie sich bereits Zeit für persönliches Wachstum nehmen: Was wollen Sie verändern oder wie können Sie noch mehr davon profitieren?

Bei sich selbst anfangen

Wenn Sie Ihre innere Entwicklung zur Priorität erklären, wird etwas Erstaunliches passieren: Ihre Kinder werden es merken. Erinnern Sie sich? Sie sind der größte Einfluss in ihrem Leben.

Gott wird anfangen, in Ihrem Leben sichtbar zu werden. Sie werden sich verändern, wachsen und reifen. Und damit geben Sie Ihren Kindern die Chance, eine Entwicklung aus nächster Nähe zu beobachten, und sie wissen dabei genau, dass sie authentisch ist.

Authentische Geschichten lassen sich nicht so leicht wegdiskutieren. Meist faszinieren sie uns, weil wir uns leichter mit Menschen identifizieren, die ihre Mühen haben, als mit denen, die so tun, als hätten sie alles im Griff.

Wenn Sie Gottes Geschichte zu Ihrer eigenen machen, lebt sie in Ihnen und die Chance ist größer, dass sie eines Tages auch in Ihren Kindern lebt.

Vor ein paar Jahren habe ich (Carey) etwas umgesetzt, das mich entscheidend weitergebracht hat: Ich habe einfach aufgehört (zu mir und zu anderen) zu sagen: „Dafür habe ich keine Zeit." Hören Sie sich das auch manchmal sagen? Hören Sie auf damit. Ernsthaft. Streichen Sie das aus Ihrem Wortschatz.

Gott gibt jedem Menschen auf diesem Planeten die gleiche Menge Zeit. Jesus hatte 24 Stunden am Tag zur Verfügung. Die Menschen, die ich am meisten bewundere und die weitaus mehr erreichen als ich, haben dieselben 24 Stunden am Tag Zeit. Sie nutzen sie nur anders. Mir wurde klar, dass ich meine Zeit anders füllen muss, wenn ich etwas anderes erreichen will.

Wenn Sie Gottes Geschichte zu Ihrer eigenen machen, lebt sie in Ihnen und die Chance ist größer, dass sie eines Tages auch in Ihren Kindern lebt.

Deshalb habe ich aufgehört zu sagen „Dafür habe ich keine Zeit." Stattdessen sage ich jetzt: „Dafür *nehme* ich mir keine Zeit." Das macht mir bewusst, dass alles, was ich tue, eine Entscheidung ist. Ich muss mir Zeit für das Wichtige *nehmen* und das andere streichen.

Nehmen Sie einmal Ihren Kalender zur Hand und sehen Sie sich die nächste Woche an. Es gibt nur wenige Dinge, die Sie wirklich tun *müssen.* Vermutlich müssen Sie schlafen, dreimal täglich etwas essen und vielleicht zur Arbeit erscheinen. Fast alles andere ist Ihre eigene Entscheidung. Sie haben Ihr Schicksal selbst in der Hand.

Mir sind die ersten Momente am Morgen wichtig. Normalerweise sitze ich mit meiner Bibel im Wohnzimmer, bete und genieße die Ruhe im Haus. Wenn ich mal einen Morgen damit pausiere, merke ich meistens, dass meine Beziehung zu Gott und zu anderen darunter leidet. Außerdem nehme ich mir zusätzlich am Tag Zeit für persönliches Nachdenken.

Ich hole mir zunehmend Feedback von anderen und höre dann, was mir gelungen ist und was nicht. Meine Frau ist meine vertrauteste und liebevollste Kritikerin. Sie kann wie durch ein Fenster in meine Seele blicken und erkennt meine blinden Flecken. Ich bitte zudem Freunde und Kollegen um Feedback. Ihre Rückmeldungen helfen mir, ein besserer Mensch zu werden. Seit Kurzem führt mein Wunsch nach persönlichem Wachstum auch dazu, dass ich Sport treibe und mich gesünder ernähre. Körperlich in besserer Verfassung zu sein, scheint auch Einfluss auf meine Beziehungen und meine Gefühlslage zu haben.

Und schließlich höre ich meinen Kindern zu (das lässt sich allerdings nicht vorher planen). Da wir uns zu Hause stärker um Ehrlichkeit und Offenheit bemühen, sprechen mich meine Kinder hin und wieder auf Punkte an, die ihnen nicht passen. Beide sind im Teenageralter und wie Sie vermutlich wissen, sagt man in dieser Phase, was man denkt, egal ob der andere es hören will oder nicht. Jedes Mal, wenn sie mir eine Rückmeldung geben, stehe ich vor der Wahl: Ignoriere ich es, weil ich zu viel um die Ohren habe oder es nicht hören will (ist vorgekommen), oder nehme ich es an und lerne daraus (kommt gelegentlich auch vor)? Es kann eine zugleich schöne wie demütigende Erfahrung sein, mit dem eigenen Kind darüber zu diskutieren, in welchen Bereichen man als Eltern noch wachsen muss.

Dinge beenden

Diejenigen Israeliten, die kurz davor waren, in das verheißene Land zu ziehen, sollten bald eine Vielzahl guter Möglichkeiten haben, ihre Zeit zu füllen. Bei all der Milch und dem Honig und den Trauben dort, standen die Einwohner Israels in der Gefahr, einfach das zu tun, was vor ihrer Nase war, ohne sich auch nur umzusehen, ob es noch etwas Besseres gab. Mose wusste das und sprach in seiner Aussendungsrede bewusst über richtige Entscheidungen – um unsertwillen und um unserer Familien willen. Wenn wir uns dafür entscheiden, unsere innere Entwicklung ernst zu nehmen, suchen wir damit nach besseren Möglichkeiten. Möglicherweise müssen wir mit irgendetwas aufhören, um uns darauf zu konzentrieren, was uns geistlich in die Tiefe führen kann.

Das kann überraschende Folgen haben. Unsere Beziehung zu Gott wird gestärkt. Und noch etwas geschieht: Wir stellen fest, dass uns allein die Entscheidung, was wichtig ist, *mehr* Zeit verschafft. Na gut, vielleicht nicht mehr Zeit, aber mehr Spielraum. Mit etwas mehr Übung können wir den unnötigen Ballast aus unserem Leben entfernen. Wir fangen automatisch an, die Bereiche zu durchforsten, die sowohl positiv als auch negativ unsere Fähigkeiten beeinflussen. Man lernt, was wichtig ist, indem man Wichtigeres tut – Wichtigeres für unser eigenes Herz, damit es am Ende in die Herzen unserer Kinder übergeht.

Bei sich selbst anfangen

Fragen für das Gespräch

Schlüsselfrage: *Wächst meine Beziehung zu Gott authentisch und persönlich?*

1. Manchmal können wir uns kaum noch an das Leben erinnern, bevor die Kinder da waren. Hatten Sie damals mehr Zeit für sich? Was haben Sie gern gemacht, um neue Energie zu tanken?

2. Wie sieht Ihr Tagesablauf aus? Schreiben Sie einmal alles auf, was Sie an einem typischen Tag tun. Was davon kostet Sie am meisten Zeit und Energie? Erfüllt Sie davon etwas als Person und nicht nur als Elternteil?

3. Denken Sie einen Augenblick lang darüber nach, wann Sie sich in Ihrem Leben als Christ Gott am nächsten gefühlt haben. Was haben Sie in diesen Momenten getan oder was ist passiert?

4. Was können Sie tun, um solche Zeiten herbeizuführen? Planen Sie konkret, wie das aussehen kann.

5. Oft ist es hilfreich, sich mit dem Partner oder anderen Eltern abzuwechseln und auf die Kinder aufzupassen, um eine Weile freizuhaben. Sagen Sie Ihren Kindern, was Sie vorhaben oder wohin Sie gehen. Es ist wichtig, dass sie mitbekommen, dass Ihnen Ihre Beziehung zu Gott am Herzen liegt.

6. Reden Sie mit Ihren Kindern über Momente, in denen Sie sich Gott nahe fühlen. Geschieht das, wenn Sie beten? Wenn die Kinder ins Bett gebracht werden? Wenn sie draußen spielen? Wenn sie in der Gemeinde sind? Schreiben Sie diese Zeiten in den Familienkalender, damit sie sehen, dass die Beziehung zu Gott in Ihrer Familie einen hohen Stellenwert hat.

Lesen Sie 5. Mose 6,4–6.

> *Hört, ihr Israeliten! Der Herr ist unser Gott, der Herr allein. Ihr sollt ihn von ganzem Herzen lieben, mit ganzer Hingabe, mit all eurer Kraft. Bewahrt die Worte im Herzen, die ich euch heute sage!*

Zum Nachdenken: Wie würde sich Ihr Leben verändern, wenn Sie sich diese Worte zu Herzen nähmen? Warum ist es wichtig für Ihre Kinder, dass Ihre eigene Beziehung zu Gott gesund und lebendig ist? Wenn Sie diesen Bibelabschnitt Ihren Kindern erklären sollten, was würden Sie sagen?

Geistliche Fähigkeiten

Weil viele Gemeinden Kindern die auf ihre Altersgruppe zugeschnittenen Fähigkeiten im Glauben beibringen, aber dieselben Fähigkeiten auch für uns als Eltern wichtig sind, haben wir uns zu einem kleinen Exkurs entschieden, der kurz und knapp die wichtigsten geistlichen Fähigkeiten erklärt. Denn nur wenn wir diese beherrschen, können unsere Kinder sie anhand unseres Vorbilds verinnerlichen.

Mit der Bibel umgehen (eintauchen und orientieren)

Die Bibel ist für viele ein Buch mit sieben Siegeln, aber unsere Hoffnung ist, dass sie für Sie zu einem Geschenk und zu einem guten Freund wird. Wenn Sie sich mit der Bibel vertraut machen, werden Sie schnell feststellen, dass sie alltagstauglicher ist, als die meisten denken. Ein guter Weg, um in die Bibel einzutauchen, ist ein Leseplan, der sich Ihren Gewohnheiten anpassen lässt.

Verschiedene Bibelpläne hat die Deutsche Bibelgesellschaft im Internet zusammengestellt (www.die-bibel.de/interaktiv). Hier werden zudem sowohl Bibelsoftware als auch verschiedene Bibelausgaben, beispielsweise für das Smartphone, angeboten. Der Bibellesebund gibt eine ganze Palette von Bibellese-Zeitschriften und andere Materialien heraus (www.bibellesebund.de). Solche Bibellesehilfen können eine gute Unterstützung sein, die Bibel zum ersten – oder hundertsten – Mal mit Ziel und Verstand zu erforschen.

Die Bibel persönlich nehmen (auswendig lernen und umsetzen)

Die Bibel zu kennen ist das eine, aber sie anzuwenden ist noch etwas ganz anderes. Wir wissen eine Menge (zum Beispiel, dass Möhren gesünder sind als Chips), aber das heißt noch lange nicht, dass wir irgendetwas davon auch anwenden. Der wahre Wert von Wissen zeigt sich erst in der Umsetzung. Wer abnehmen will, muss nicht nur wissen, dass Möhren kalorienarm sind – er muss sie auch abends statt der Kartoffelchips essen.

Bibellesen kann (und sollte) eine Entdeckungsreise sein. Wenn Sie ein Vers oder ein Abschnitt besonders anspricht, versuchen Sie ihn auswendig zu lernen. Noch wichtiger ist, dass Sie umsetzen, was Sie da lesen. Fragen Sie Gott und reden Sie mit anderen darüber, wie Sie Dinge in Ihrem Leben verändern können, von denen Sie glauben, dass sie dran sind. Wenn Sie Ihr Wissen anwenden, werden Sie sich verändern.

Mit Gott kommunizieren (privat und öffentlich)

Gebet wirkt auf viele steif und förmlich. Andere nehmen es so lässig, dass sie nur auf dem Weg zur Arbeit oder beim Wäschefalten beten. Die Wahrheit liegt irgendwo dazwischen. Betrachten Sie das Gebet als Gespräch zwischen Freunden. Wenn Gebet die Grundlage einer Freundschaft ist, wird es lebendig.

Genau wie Beziehungen zwischen Menschen davon abhängig sind, wie wir miteinander kommunizieren, ist auch unsere geistliche Reise stark davon beeinflusst, ob und wie wir mit Gott reden. Wenn Ihre persönliche Kommunikation mit Gott tiefer wird, wird es Ihnen auch leichterfallen, vor Mahlzeiten, beim Schlafengehen oder zu anderen Gelegenheiten mit Ihren Kindern zu beten.

Über den Glauben reden (weitergeben und verteidigen)

Man lernt etwas am besten, indem man es anderen beibringt. Nehmen wir zum Beispiel die Mathematik: Die meisten Lehrer stellen fest, dass sie beim Unterrichten selbst noch etwas lernen. Wenn Sie sich mit Freunden, Ihren Kindern, Ihrem Partner und Kollegen über Ihren Glauben unterhalten, werden Sie feststellen, dass Ihr Glaube dadurch tiefer wird.

Gott mit dem eigenen Leben ehren (anbeten und geben)

Der christliche Glaube ist nicht nur eine Anschauung. Er ist eine Beziehung, die in unserem Leben sichtbar wird. Vergebung ist für die christliche Botschaft zentral, und wenn uns vergeben ist, werden wir dankbar. Wenn unsere Dankbarkeit für den Glauben wächst, wächst gleichzeitig unser Wunsch, ihn auszudrücken. Wir wollen singen oder unseren Dank in Worte fassen oder uns Gott zur Verfügung stellen.

Diese fünf geistlichen Fähigkeiten sind ein Anfang (für Sie und Ihre Kinder) und werden ergänzt durch das, was Sie auf Beziehungs- und Verstandesebene investieren.

Kapitel 8

Zurück zur Geschichte

Sie können Ihre Familie motivieren, Gottes Liebe in einer zerbrochenen Welt sichtbar zu machen

Als Eltern sorgen wir uns um die Sicherheit unserer Kinder, kaum dass sie auf der Welt sind. Wir schnallen sie in teure Autositze, stellen Betten und Laufställe mit Gitterstäben wie im Gefängnis auf, schrauben Kindersicherungen in Steckdosen und installieren Videoüberwachungssysteme, um sie jederzeit beobachten zu können. Als Eltern sind wir darauf programmiert, sie zu beschützen. Wir fühlen uns dafür verantwortlich, Grenzen zu ziehen, die unsere Welt kindersicher machen. Beeinflusst von Elternzeitschriften und Kinderärzten fangen wir an zu glauben, dass unser Hauptjob darin besteht, unsere Kinder zu schützen. Und so stellen wir Regeln auf, setzen Grenzen und bauen Zäune. Das wird von Eltern doch so erwartet, oder? Unser natürlicher Instinkt sagt uns, dass wir unsere Kinder von allem isolieren und fernhalten müssen, das eine Bedrohung sein könnte.

> *Es kann passieren, dass wir unsere Kinder so sehr festhalten, dass wir das Ziel von Erziehung völlig aus dem Auge verlieren – nämlich loszulassen.*

Dabei kann es passieren, dass wir unsere Kinder so sehr festhalten, dass wir das Ziel von Erziehung völlig aus dem Auge verlieren – nämlich loszulassen. Es ist gefährlich, mehr um den Schutz unserer Kinder besorgt zu sein als darum, ihnen einen Sinn zu vermitteln. Wenn wir uns zu sehr auf das körperliche und seelische Wohlergehen unserer Kinder konzentrieren, berauben wir sie wichtiger notwendiger Erfahrungen, Lektionen und Chancen.

Wenn unser Beschützerinstinkt die treibende Kraft in unserer Erziehung ist, haben wir kein Problem damit, wenn unsere Kinder nie einen Berg besteigen, wenn das dafür garantiert, dass sie sich nie verletzen. Aber was, wenn das Kind für die Berge gemacht ist? Es mag im Flachland sicher sein, aber kann es dann werden, wozu Gott es geschaffen hat? Was, wenn es frühzeitig Bergsteigen lernen sollte, solange es noch ein Sicherheitsnetz zu Hause hat? Was passiert mit seiner Leidenschaft? Was passiert in seinem Herzen? Was, wenn Ihr Kind für etwas Größeres geschaffen ist? Wenn Sie Kinder haben, behalten Sie Folgendes im Blick:

Das höchste Ziel von Familie ist nicht, die Kinder zu beschützen, sondern sie zu motivieren, einer zerbrochenen Welt Gottes Liebe zu zeigen.

Was das damit zu tun hat, unsere Kinder über unsere Begrenzungen hinaus zu erziehen? Alles! Wenn Ihr größtes Ziel darin besteht, Ihre Kinder nah bei sich zu halten, statt sie ziehen zu lassen, dann schränken Sie das Potenzial Ihres Kindes ein. Sie ketten es an Ihre eigenen Begrenzungen, an Ihre Schwächen, an Ihre Erfahrungen, an *Ihre* Rolle in Gottes Geschichte, statt an seine eigene. Sie müssen sich regelmäßig ins Gedächtnis rufen, dass Sie Ihr Kind von dem Tag seiner Geburt an darauf vorbereiten, das Haus zu verlassen.

Ihr Kind zu motivieren heißt nicht, dass Ihre Familie kein gemeinsames Ziel haben kann. Es bedeutet nicht, dass Sie nicht Teil derselben Geschichte sind. Es heißt lediglich, dass Ihr Kind den Freiraum braucht, seine eigene individuelle Rolle zu finden.

Als es darum ging, dass Erziehung im Kontext einer größeren Geschichte geschieht, haben wir auch erklärt, dass Gott gerne etwas Unglaubliches in das Leben Ihrer Familie hineinschreiben würde. Wenn Sie einen weiteren Blick in Ihren Erziehungsstil integrieren, vermitteln Sie Ihren Kindern einen Abenteuergeist, der ihre Herzen beflügelt. Sie laden sie ein zu entdecken, was jenseits Ihrer eigenen Fähigkeiten liegt.

Vor einigen Jahren erzählte der Autor Donald Miller auf einer unserer Orange-Konferenzen die Geschichte eines Freundes, der mit seiner Tochter Schwierigkeiten hatte. Der Vater machte sich Sorgen, weil das Mädchen in die Gothic-Szene geraten war und ihr Freund alles andere als erfreulich wirkte. Frustriert wie er war, schrie der Vater seine Tochter an und zwang sie, mit in den Gottesdienst zu kommen. Als er Don um Rat fragte, sagte dieser: „Ich glaube, deine Tochter hat sich einfach eine bessere Geschichte ausgesucht."

Und er erklärte weiter: „Wir sind alle dafür geschaffen, Teil einer Geschichte zu sein. Deine Tochter spielt eine Rolle in einer Geschichte. Die Geschichte, die sie sich ausgesucht hat, beinhaltet Risiko, Abenteuer und Schönheit. Sie ist erwünscht und sie wird begehrt. In deiner Geschichte wird sie angeschrien, hat ein schlechtes Gewissen und fühlt sich nicht erwünscht. Sie wählt einfach die Geschichte, die ihr besser gefällt, als die, die du ihr bietest. Und zusätzlich zu deiner unangenehmen Geschichte zwingst du sie auch noch, in den Gottesdienst zu gehen. Damit verknüpfst du eine unangenehme, langweilige Geschichte mit Gott, der doch eigentlich eine großartige Geschichte schreibt. Hör auf damit. Du kennst eine bessere Geschichte."

Der Vater ließ sich von Donalds Rat inspirieren und stellte innerhalb einer Woche den Kontakt zu einem kleinen Dorf in Mexiko her, das ein Waisenheim brauchte. Es zu bauen, würde etwa 25.000 Dollar kosten. Der Vater schlug seiner Familie vor zu versuchen, gemeinsam dieses Geld aufzubringen. Er malte ihnen plastisch seine Vision vor Augen: „Es geht um Folgendes: Ich bin auf dieses Dorf in Mexiko gestoßen, das ein Waisenhaus braucht. Diesen Kindern steht eine traurige Zukunft bevor, wenn sie nirgendwo unterkommen können. Deshalb glaube ich, dass wir als Familie dieses Waisenhaus bauen sollten. Es kostet ungefähr 25.000 Dollar. Ich weiß, dass wir dieses Geld nicht haben, aber wir können versuchen, es in den nächsten zwei Jahren aufzutreiben."

Er stellte eine Flipchart auf und bat alle Familienmitglieder – die ihn für verrückt erklärten – um Ideen.

Schließlich platzte seine Tochter heraus: „Ich habe eine *Myspace*-Seite und viele Freunde. Vielleicht kann uns das helfen." Immer mehr Gedanken kamen zusammen.

„Wir müssen erst mal das Dorf in Mexiko besuchen, wenn wir das wirklich versuchen wollen."

„Ich kenne einen Architekten."

„Vielleicht können wir einiges an Material als Spenden bekommen."

„Ich habe eine neue Kamera – ich kann die Kinder im Waisenhaus fotografieren."

„Und wir brauchen alle neue Reisepässe."

Was passierte hier? Sie ließen sich von einer echten Geschichte voller Risiko und Abenteuer begeistern. Es dauerte nicht lange, bis die Tochter mit ihrem Freund Schluss machte. Warum? Weil sie eine bessere Geschichte gefunden hatte. In ihrer neuen Geschichte konnte sie die Heldin spielen. Sie bekam die Gelegenheit, etwas zu opfern und sich einer Sache zu widmen, die eine bleibende Veränderung bewirkte. In dieser Geschichte fühlte sie sich gewollt und gebraucht.

Unser Herz fühlt sich hingezogen zu dem,
was Abenteuer und Sinn verspricht.

Unterm Strich gesehen müssen Kinder etwas erleben, das größer ist als sie selbst. Egal ob wir ihnen eine solche Möglichkeit bieten oder nicht, sie werden immer nach Abenteuern suchen.

Generationen von Kindern haben den christlichen Glauben aufgegeben, weil er auf sie statisch und langweilig wirkte. Darum müssen wir kreative Wege finden, um unseren Kindern in ihren prägendsten Jahren persönliche Einsatzmöglichkeiten zu bieten.

Erinnern Sie sich doch einmal an die Ereignisse, die Ihren Glauben am stärksten geprägt haben. Denken Sie an die Momente, in denen Sie das Gefühl hatten, Gott könne Sie dafür benutzen, etwas wirklich Bedeutsames zu bewirken.

Wenn wir auf die Schlüsselmomente in unserem Leben zurückblicken, sehen wir, dass einige der schönsten Kapitel sich erst entfaltet haben, nachdem wir ein größeres Risiko eingegangen waren. Dramatische Entwicklungen im Glaubensleben anderer Leute faszinieren uns. Wir fühlen uns zu Menschen hingezogen, die außergewöhnliche Schwierigkeiten überwinden. Hollywood verdient Milliarden mit solchen Geschichten. Auch biblische Geschichten leben davon. Denken Sie nur an die drei jüdischen Teenager, die sich in einem fremden Land wiederfanden und in einen Feuerofen blickten, der so heiß war, dass er die Soldaten verbrannte, die ihn bewachten. Konnte Gott sie tatsächlich davor bewahren? Niemand hätte darauf gewettet, dass sie ihn ohne einen einzigen Brandfleck wieder verlassen würden.

Oder probieren Sie mal Folgendes: Stellen Sie sich vor, Sie stehen mit Ihrer Familie vor einer gewaltigen Wassermasse und hinter Ihnen nahen die geballten militärischen Truppen einer globalen Supermacht. Die einzige Frage ist: *Wie werden wir sterben? Ertrinken wir oder werden wir niedergemetzelt?* Niemand ahnt in einem solchen Moment, dass sich das Wasser teilen könnte, aber genau das kann passieren.

In derart dramatischen Handlungssträngen wirkt Gott am stärksten. Man könnte fast glauben, Gott habe sich darauf spezialisiert, Menschen ihre persönlichen Grenzen überschreiten zu lassen, damit er seine Macht beweisen kann. Er fordert uns auf, ihm zu vertrauen, etwas zu riskieren und zu glauben, dass er in der Hand hat, was wir nicht mehr kontrollieren, beeinflussen oder planen können.

Man könnte fast glauben, Gott habe sich darauf spezialisiert, Menschen ihre persönlichen Grenzen überschreiten zu lassen, damit er seine Macht beweisen kann.

Kinder brauchen einen solchen leidenschaftlichen Glauben, der sich entwickelt, wenn Gott durch sie Erstaunliches bewirken kann. Kinder müssen sich ganz praktisch engagieren können, um einen Sinn für Gottes Ziele zu bekommen. Sie brauchen die Leidenschaft, die erwächst, wenn man jemanden aus einer schwierigen Lage rettet. Wenn unser Glaubensstil keinerlei Herausforderung oder Abenteuer birgt, driften wir mit der Zeit zu interessanteren und sinnvolleren Aufgaben. Hand aufs Herz: Welche Art von Glaubenserfahrungen bieten Sie Ihren Kindern? Was fordert ihren Glauben heraus? Ermutigen Sie Ihre Kinder sich von Gott abhängig zu machen und darauf zu vertrauen, dass er in ihnen und durch sie etwas tut, das sie niemals alleine tun könnten?

Wir haben die ganze Zeit über Mose und seine Rede, die er den Israeliten kurz vor Kanaan hielt, nachgedacht. Aber einen Aspekt in dieser Geschichte haben wir bisher nicht erwähnt.

In der hebräischen Kultur berührten sich Glaube und Familienstruktur automatisch. Die Leute, zu denen Mose an jenem Tag sprach, lebten einen Glauben, der in jedem Brauch eine zentrale Rolle spielte. Er war eng verflochten mit allen Abläufen, Feiern und Festen. Alle Leiter, Eltern, Priester, Propheten und Familien handelten vor dem gleichen Hintergrund aus Glaube und Praxis. Auf vielerlei Ebenen war diese Art von kollektivem, ganzheitlichem Glauben ideal.

Aber Mose wollte in seiner Rede kein vollständiges oder ideales Bild von Familie zeichnen.

Wenn wir nicht die kulturellen Bräuche der Israeliten von den zeitlosen Prinzipien trennen, die Mose lehrte, müssen wir anfangen in Zelten zu schlafen, Gewänder zu tragen, Manna zu essen, als Nomaden zu leben und ein paar seltsame Bräuche zu praktizieren. Stattdessen sind wir dazu berufen, von den allgemein gültigen Werten zu lernen, die wir in 5. Mose 6 finden und sie in unsere sich wandelnde Kultur zu übertragen.

Abgesehen von den kulturellen Unterschieden gibt es noch einen weiteren wichtigen Grund, warum wir vorsichtig sein müssen, wie wir 5. Mose 6 anwenden. Mehr als tausend Jahre nach Mose passierte etwas, das der Rolle von Familie eine neue Bedeutung gab. Ein anderer jüdischer Anführer hielt seine Abschiedsrede. Er erklärte ebenfalls einer Gruppe hebräischer Männer, wie wichtig es ist, den Glauben weiterzugeben. Nur war dieser Anführer kein Prophet oder Patriarch. Er war Gottes Sohn.

Kurz vor seinem dramatischen Abflug von der Erde stand Jesus auf einem Hügel und gab der Menge, die sich versammelt hatte, einen Auftrag mit auf den Weg: „Geht hinaus in die ganze Welt.“[1] Sie sollten tun, was er selbst getan hatte. Er war als Gott in Menschengestalt in die hebräische Kultur hineingekommen.

Jetzt forderte er sie auf, in andere, fremde Kulturen zu gehen und seine Geschichte zu erzählen. Er sandte sie als Missionare in Gemeinschaften hinein, in denen die Menschen nicht vor demselben Hintergrund der hebräischen Familie agierten.

Warum ist das für Sie von Bedeutung? Weil es die grundlegende Bestimmung Ihrer Familie betrifft. Durch Jesus wissen wir, dass Gott Sie als Familie mit Ihren Kindern auf eine ganz bestimmte Mission schicken möchte. Gott will nicht, dass Sie Ihren Glauben nur für sich behalten. Er möchte, dass Sie andere Kulturen – möglicherweise *total* andere Kulturen – verstehen und besuchen, um die Geschichte von Gottes Rettungsplan in ihre Sprache zu übersetzen und die Gute Nachricht in neuen Worten zu vermitteln.

Jesus hat für jede Familie, die ihm nachfolgt, die Regeln neu gesetzt. Auch wenn er selbst Jude war und in der jüdischen Kultur aufgewachsen ist, war sein Ziel nicht, Menschen in die alten jüdischen Familientraditionen zu pressen, sondern alle Menschen aus allen Kulturen sollten Gottes Geschichte verstehen. Da überrascht es nicht, dass Paulus erklärte, allen alles geworden zu sein. Wie Glaube und Familie zusammenkommen, muss angesichts der Anweisungen Jesu neu definiert werden, um die Kirche über ihren ursprünglichen Kontext und ihre Kultur hinauszubringen.

Liest man Moses Rede nur im Zusammenhang mit 5. Mose, versteht man, warum die hebräische Familie und die hebräische Nation sich isolierten: Sie wollten das Überbleibsel, das entgegen aller Wahrscheinlichkeit überlebt hatte, bewahren und Gottes Liebe einer Welt außerhalb ihres Volkes zeigen. Liest man aber Moses Rede im Licht von Jesus und seiner Lehre, versteht man, dass Gottes Leute heute dazu berufen sind, andere in die geistliche Familie einzuladen und Gottes Geschichte jeder Kultur nahezubringen.

Mose sprach zu einer Gruppe von Menschen, die eine Subkultur repräsentierte, die gegenüber anderen Kulturen passiv blieb. Aber Jesus hat uns dazu berufen, jede Gesellschaft bis zu den Enden der Erde aktiv zu beeinflussen.

Was Mose über unsere Liebe zu Gott und unsere Weitergabe des Glaubens lehrte, ist bis heute wahr. Er dachte orange. Er stachelte alle an, Eltern wie Leiter, sich für die Zukunft dieser Generation zu verbünden – einer Generation, die Gottes Treue *sichtbar machen* soll.

Manche tendieren dazu, um Gemeinde und Familie einen Schutzwall zu errichten. Es mag nicht ihre Absicht sein, aber sie orientieren sich damit stärker an der alttestamentlichen Praxis als am neutestamentlichen Auftrag. Tausende Jahre Menschheitsgeschichte bekamen eine neue Bedeutung, als Jesus Menschen außerhalb jüdischer Kultur einlud, an seiner Geschichte teilzuhaben. Alle Leiter und Eltern sind dazu berufen, ihren Kindern beizubringen, Kirche zu *sein,* nicht die Kinder *in* der Kirche zu halten. Wenn wir nur schützen und bewahren, begehen wir denselben Fehler wie einer der Diener im Gleichnis von den anvertrauten Talenten. Wir verstecken unsere Kinder hinter mangelndem Glauben. Wir hindern sie daran, die Veränderung in Gottes Reich zu bewirken, für die sie geschaffen wurden.

Wenn Ihre Kinder Teil einer größeren Geschichte werden, wird Gottes Liebe sie weit über das hinaustragen, was menschliche Liebe jemals zu tun in der Lage ist.

Wenn Sie sich wünschen, über Ihre Begrenzungen hinaus erziehen zu können, dann bringen Sie Ihren Kindern das Ziel nahe, das größer ist als Ihre eigenen Fähigkeiten. Begeistern Sie Ihre Kinder dafür, sich einer Sache zu widmen, die größer ist als sie – größer noch als Ihre Familie. Wenn Ihre Kinder Teil einer größeren Geschichte werden, wird Gottes Liebe sie weit über das hinaustragen, was menschliche Liebe jemals zu tun in der Lage ist. *Die wichtigste Berufung jeder Familie ist, eine Generation zum Herzen eines vollkommenen, liebevollen Vaters zu führen.*

- Eine *authentische* Liebe bringt uns in den größeren Kreis einer Glaubensgemeinschaft.
- Eine *unendliche* Liebe führt unser Schicksal mit Gottes Charakter und Treue zusammen.
- Eine *unwiderstehliche* Liebe bringt uns dazu, ihm unser Herz, unsere Hingabe und unsere Kraft anzuvertrauen.
- Eine *alltagstaugliche* Liebe wächst im Rhythmus unseres täglichen Lebens.
- Eine *ansteckende* Liebe wächst zwischen uns persönlich.

Als Eltern sind wir dazu berufen, die Aufmerksamkeit unserer Kinder auf ein göttliches Schauspiel zu lenken. Wir müssen ihnen die andauernde Liebesgeschichte zwischen Gott und seinen Leuten bewusst erzählen. Wir müssen begreifen, dass Familie ihnen in erster Linie Gottes Liebe zeigen und sie einladen soll, ihre Rolle in seiner Geschichte zu spielen.

Denn dann …

… werden sie Teil einer Gemeinschaft, die von ihrem Auftrag begeistert ist und einer zerbrochenen Welt Gottes Liebe zeigt,
… entwickeln sie ihre eigene Sicht von der Welt und vom Leben, bei der Gott im Zentrum ihrer persönlichen Lebensgeschichte steht,
… sehen sie, wozu Gottes Treue im Laufe der Geschichte fähig war,
… werden sie einen authentischen Glauben entwickeln, der täglich wächst,
… lernen sie, wie wichtig es ist, die eigene Suche nach Gott der nachfolgenden Generation vorzuleben.

Als Mutter oder Vater erleben Sie immer wieder Ihre eigenen Grenzen. Aber das ist in Ordnung, denn ein wirklich großer Gott und eine Gemeinschaft von authentischen Gläubigen wartet nur darauf, Ihre Grenzen zu erweitern. Wenn es Ihnen so geht wie uns, haben Ihre Kinder Ihr Verständnis von Gott geprägt und erweitert. Vermutlich gab es Momente, in denen Ihre Kinder Ihren Glauben stärker geformt haben als umgekehrt.

Als Mutter oder Vater erleben Sie immer wieder Ihre eigenen Grenzen. Aber das ist in Ordnung, denn ein wirklich großer Gott und eine Gemeinschaft von authentischen Gläubigen wartet nur darauf, Ihre Grenzen zu erweitern.

Ich (Reggie) erinnere mich an eine Zeit, in der meine Tochter etwa vier Jahre alt war, und ich seit etlichen Monaten einige frustrierende Situationen bewältigen musste. Gefühlsmäßig ging es mir gar nicht gut. Ich wollte eine lange Autofahrt unternehmen, um meine Gedanken zu ordnen, und Sarah bestand darauf mitzukommen. Sie besaß damals schon die gleiche zwischenmenschliche Sensibilität wie heute.

Ich rang mit einigen wichtigen Entscheidungen. Während der Fahrt war ich tief in Gedanken versunken und rang innerlich mit meinen Fragen. Sarah muss sich völlig auf meine Anspannung eingelassen haben, denn während der gesamten zweistündigen Fahrt saß sie nur still auf dem Beifahrersitz. Ich versuchte an jenem Tag, meine Situation aus jedem erdenklichen Blickwinkel zu analysieren, aber in mir blieben Hoffnungslosigkeit und Leere zurück. Peinlicherweise vergaß ich dabei Sarah völlig.

Ich lenkte das Auto zurück in unsere Einfahrt, ohne zu irgendeinem Schluss gekommen zu sein, öffnete meine Tür und stieg aus. Dann hörte ich zum ersten Mal, seit wir das Haus verlassen hatten, ihre Stimme. Es war eine so starke Unterbrechung meiner inneren Gedanken, dass ich tatsächlich zusammenzuckte.

„Daddy", sagte sie, „vergiss mich nicht. Ich muss durch deine Tür rausklettern!"

Dann erinnerte ich mich, dass die Tür auf ihrer Seite zu schwer für sie war. Wir hatten die Angewohnheit, dass ich meine Tür öffnete und sie über meinen Schoß krabbelte, während ich die Tür offen hielt. Sie hatte diese Worte schon viele Male vorher zu mir gesagt, aber an jenem Tag erinnerte Gott mich durch sie eindrücklich an unsere Beziehung. Vielleicht verstand ich zum ersten Mal, dass Gott mein Vater war.

Ich betrat unser Haus und lief auf direktem Weg ins Schlafzimmer. Ich schloss die Tür, sank auf die Knie und betete laut: „Gott, ich glaube, ich habe noch nicht verstanden, wie sehr du mich liebst. Du musst wissen, dass die Tür auf meiner Seite zu schwer für mich ist. Ich brauche dich heute. Du musst eine Tür öffnen, die nur du öffnen kannst. Ich muss auf deiner Seite aussteigen."

Mich durchflutete ein überwältigendes Gefühl von Erleichterung und Frieden, als ich begriff, dass Gott wahrhaftig mein Vater war und er dieselbe Liebe für mich verspürt wie ich für Sarah.

Wir glauben, dass jede Familie auf diesem Planeten diese Art der Liebe in Anspruch nehmen kann. Wir haben schon oft gesehen, wie sehr sie Menschen verändern und Familien erneuern kann. Wir wissen, dass das die wichtigste Nachricht ist, die Gott im Laufe der Geschichte weitergeben wollte.

Sie ist der Grund, warum
er die Erde hervorgebracht hat,
er Mann und Frau geschaffen hat,
er durch Mose sprach,
er mit einem Volk einen Bund schloss,
er seinen Sohn als Mensch schickte,
er an einem Kreuz starb,

er denen, die ihm folgen, versprochen hat,
in Ewigkeit mit ihm zu leben.

Gottes Liebe für Sie und Ihre Familie war von Anfang an Teil seines Plans. Sie lädt Sie ein in die größere Gemeinschaft des Glaubens. Gottes Liebe will Sie daran erinnern, was im Leben wirklich zählt. Sie gibt Ihnen die Kraft, die Sie brauchen, um für Ihre Beziehungen zu kämpfen. Sie ist zuverlässig, unveränderlich und immer gegenwärtig. Sie bringt Sie dazu, persönlich auf seine Gute Nachricht zu reagieren. Seine Liebe ist Ihre größte Chance, Ihre Kinder weit über Ihre menschlichen Grenzen und Fähigkeiten als Eltern erziehen zu können.

Anmerkungen

Kapitel 2

[1] 5. Mose 6,4–12

Kapitel 3

[1] Meredith Miller, „Family Ministry: Good Things Come in Threes“, Fuller Youth Institute, September 5, 2007, http://fulleryouthinstitute.org/2007/09/family-ministry

[2] 5. Mose 6,2 (ELB)

[3] Mark Kelly, „LifeWay Research: Parents, Churches Can Help Teens Stay in Church,“ LifeWay Christian Resources, www.lifeway.com/article/?id=165950

[4] Seth Godin, Tribes: We Need You to Lead Us, New York, 2008, Seite 3

[5] Diana Garland, Inside Out Families: Living the Faith Together, Waco, 2010

[6] Heather Zempel, Sacred Roads, Nashville, 2010, Seite 39

[7] Michael Ungar, We Generation: Raising Socially Responsible Kids, Toronto, 2009, Seite 77. Ungar schreibt nicht aus einer evangelikalen Perspektive, vermittelt aber überzeugende Prinzipien für Mentorenbeziehungen.

Kapitel 4

[1] 5. Mose 6,4
[2] Isidore Singer und Cyrus Adler (Hg.), The Jewish Encyclopedia, New York, 1906, Seite 267
[3] The Barna Group, Parents Accept Responsibility for their Child's Spiritual Development But Struggle With Effectiveness, The Barna Update, 6. Mai 2003
[4] Hal Runkel, ScreamFree Parenting, Duluth, 2005, Seite 70

Kapitel 5

[1] 5. Mose 6,4
[2] 5. Mose 6,5 (EÜ)
[3] 5. Mose 6,21–24
[4] Chap Clark, Hurt, Grand Rapids, 2004; Seite 110
[5] Richard Halverson, No Greater Power, Sisters, 1986, Seite 104

Kapitel 6

[1] Roy Zuck (Hg.), Bibliotheca Sacra Nr. 121, 1965, Seite 228–235
[2] 5. Mose 6,7–9
[3] Matthäus 22,35–36
[4] Matthäus 22,37
[5] Matthäus 22,39–40

Kapitel 7

[1] 5. Mose 6,6

[2] Joyce Martin, et al., „Births: Final Data for 2006", *National Vital Statistics Reports* 57.7 (January 7, 2009), www.cdc.gov/nchs/data/nvsr/nvsr57/nvsr57_07.pdf. Die deutschen Zahlen sehen ähnlich aus: Der Bericht „Geburten und Kinderlosigkeit in Deutschland" des Statistischen Bundesamtes nennt auf Seite 18 ein Durchschnittsalter von etwa 26 Jahren bei Erstgebärenden. http://www.destatis.de/jetspeed/portal/cms/Sites/destatis/Internet/DE/Content/Publikationen/Fachveroeffentlichungen/Bevoelkerung/Bevoelkerungsbewegung/Geburten-Kinderlosigkeit5126401089004,property=file.pdf

[3] Malcolm Gladwell, Überflieger – Warum manche Menschen erfolgreich sind – und andere nicht, Frankfurt/New York, 2009

[4] Madeline Levine, The Price of Privilege, New York, 2006, Seite 204

[5] Vor einigen Jahren beschrieb Gary Thomas in seinem Buch „Neun Wege Gott zu lieben" (Witten, 2003), dass wir unsere Beziehung zu Gott auf unterschiedliche Art pflegen. Wenn Sie sich fragen, wie Sie am besten geistliche Reserven bilden können, ist es wirklich lesenswert. Die North Point Community Church hat auf der Grundlage dieses Buches zudem einen Selbsttest entwickelt, der in englischer Sprache unter folgendem Link zu finden ist: http://common.northpoint.org/sacredpathway.html

[6] Gordon MacDonald, Restoring Your Spiritual Passion, Nashville, 1997, Seite 71

[7] Unter www.OrangeParents.com finden Sie englischsprachige Podcasts und andere Materialien zu diesen Themen. Viele davon eignen sich auch für Kleingruppen.

Kapitel 8

[1] Markus 16,15
[2] 1. Korinther 9,22

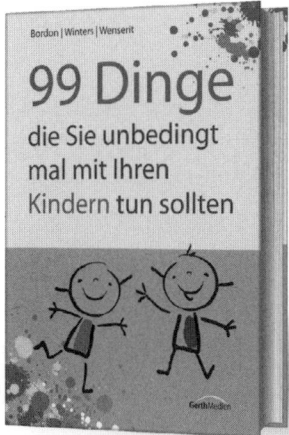

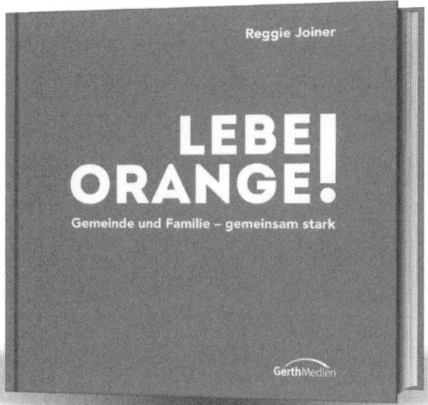

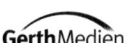

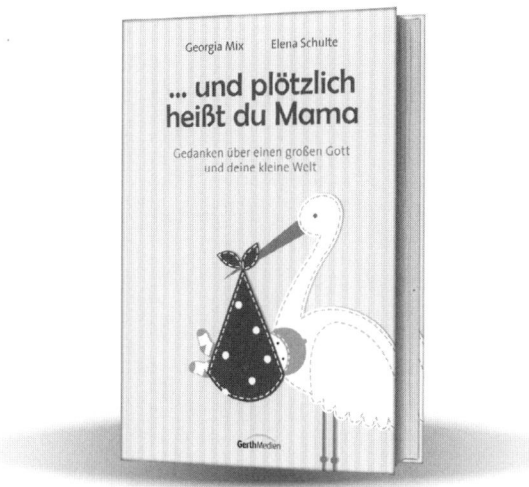

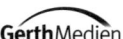